Politische Parteien verwalten und gestalten

Praxisrelevantes Überblickswissen für Parteigründer, Amtsträger und Mitglieder

von
Jürgen Carstensen
Thomas Hummel
Sophie Lengerich

4. Auflage

Kapitelverzeichnis

Inhaltsverzeichnis

Vorwort zur ersten Auflage

Das Parteienrecht der Bundesrepublik Deutschland ist eine eher unübersichtliche Materie. Es gibt sehr oberflächliche Vorschriften, die in erster Linie das Verhältnis zwischen Partei und Staat betreffen, im Grundgesetz. Allgemein bestimmen sich organisatorische Regeln für Parteien nach dem Vereinsrecht im BGB, da es sich bei ihnen ja auch um (eingetragene oder nicht eingetragene) Vereine handelt. Sehr detaillierte Spezialregelungen ausschließlich für politische Parteien kennt das Parteiengesetz. Und das Herzstück der Tätigkeit einer Partei, der Antritt zu Wahlen, richtet sich wiederum nach eigenen Wahlgesetzen, deren Bestimmungen die Parteien stets im Auge haben müssen.

Diese komplexe Materie verlangt ein hohes Wissen von parteipolitisch Tätigen, das man ihnen im Grunde kaum abverlangen kann. Vor allem den vielen tausend ehrenamtlich in den Parteien engagierten Personen in Deutschland kann es kaum zugemutet werden, dass sie jede Nuance des Parteienrechts kennen.

Und doch können kleine Fehler hier fatale Folgen haben. Die schlimmste Vorstellung ist sicher, dass aufgrund eines organisatorischen Versehen die Wahlteilnahme versagt wird und damit die Arbeit vieler Jahre dahin ist. Die Wahlorgane kennen hingegen wenig Gnade. Der Wahlprozess ist, so der Standardsatz, ein hochgradig formalisiertes Verfahren. Dies betrifft aber nicht nur die Einreichung von Wahlunterlagen und die unmittelbar vorhergehenden Schritte wie Nominierungsversammlungen. Auch längerfristige parteiorganisatorische Maßnahmen wie die Wahl eines Vorstands, der im Wahlverfahren für die Partei spricht, müssen formalen Voraussetzungen genügen.

Dass diese Voraussetzungen aber oft unklar sind, liegt an der Sonderstellung der Parteien: Den Parteien wird eine besondere Freiheit von staatlichen Einflüssen zugestanden, damit es keine Staatspartei und auch keine Blockparteien gibt. Diese Freiheit hat freilich auch ihre Schattenseite: Es gibt eben keine Parteiaufsichtsbehörde, die analog zum Vereinsregister die Einhaltung der parteirechtlichen Vorschriften überprüft. Und sogar, wenn die zwingenden Vorschriften eingehalten werden, ist noch lange nicht gesagt, dass sich bspw. die Satzung einer Partei im täglichen Politikbetrieb auch bewährt.

Eine Parteisatzung kann unnötig formalistisch sein; sie kann Lücken enthalten, die man nicht vorausgesehen hat; es kann unklar sein, wer welche Kompetenzen hat. Die Satzung ist notwendig, sowohl aus rechtlichen als auch aus praktischen Gründen. Aber sie darf der Partei auch keine Steine in den Weg legen.

All diese Voraussetzungen führen dazu, dass die Parteiorganisation für Nicht-Profis realistisch kaum zu bewältigen ist. Und doch gibt es praktisch keine Ratgeber, die die Verantwortlichen hier unterstützen würden. Aus diesem Grund haben wir dieses Buch herausgegeben. Die Autorenriege besteht sowohl als Juristen als auch aus Praktikern, die sowohl jahrelange Erfahrungen in der Wahlorganisation auf allen Ebenen sowie in Vorstandsämtern politischer Parteien haben. Einige von ihnen haben die Satzungsdiskussionen ihrer jeweiligen Partei als Gutachter und Experten begleitet und wesentlich bestimmt.

Im Gegensatz zu einem Kommentar, der von Juristen für Juristen geschrieben wurde, sind unsere Zielgruppe die Aktiven in den Parteien. Sie sind es, die das Parteienrecht Tag für Tag anwenden müssen. Wir wollen aber auch die unterstützen, die eine eigene Partei gründen wollen, und stellen gerade hierfür zahlreiche Informationen bereit. Nicht zu vergessen sind schließlich auch Gebietsverbände bereits bestehender Parteien: Auch ein Kreisvorsitzender hat für seine Abteilung eine extreme Verantwortung und muss nicht selten grundlegende Entscheidungen treffen, so, als würde er seine ganz eigene Partei führen.

Es geht uns also nicht darum, wie in einem Kommentare alle

bestehenden Meinung durchzudeklinieren, ihr Für und Wider zu diskutieren und dann dem Leser die Wahl zu lassen, welcher Meinung er den Vorzug gibt. Wir schreiben für den Anwender in der Praxis und geben ihm klare Auskünfte an die Hand. Natürlich kann es nicht immer und bei jeder Detailfrage diese „klare Auskunft" geben. In dem Falle merken wir dies aber deutlich an und geben Ratschläge, um auf der sicheren Seite zu sein.

Schließlich sorgt der Frage/Antwort-Stil des Buchs dafür, dass man die benötigten Informationen schnell und systematisch findet. Diese Fragen sind tatsächliche Fragen, die den Autoren im Rahmen ihrer Tätigkeit gestellt wurden – und/oder sie sich selbst bereits stellen mussten. Sollten Fragen offen bleiben, würden wir uns sehr über diese freuen, um sie in eine unserer kommenden Auflagen aufzunehmen.

Frankfurt, im November 2013

Markus Mayer
im Namen der Autoren

Vorwort zur vierten Auflage

Mittlerweile haben wir die vierte Auflage unseres Werkes auf den Weg gebracht. Im Vergleich zur ersten Auflage wurden einige Fehler korrigiert, verschiedene Unklarheiten beseitigt und schließlich auch zahlreiche neue Themen und Fragestellungen eingefügt.

Wir bedanken uns bei den Lesern aus der politischen Praxis und der Wissenschaft, die sich immer wieder mit Verbesserungsvorschlägen, kritischen Nachfragen und anderen Anregungen an uns gewandt haben. Dadurch helfen Sie uns, ein Werk herauszubringen, das Sie in der täglichen Arbeit unterstützt und weiterbringt.

Auf den Abdruck der organisatorischen Vorschriften des

Parteiengesetzes haben wir diesmal verzichtet – das Auffinden der entsprechenden Paragraphen im Internet fällt naturgemäß nicht schwer, sodass jeder ohne Weiteres selbst nachsehen kann. Das Parteiengesetz ist in stets aktualisierter Form abrufbar unter:

http://www.gesetze-im-internet.de/partg/

Besonders freuen wir uns, dass wir für diese Auflage Herrn Dipl.-Jur. Thomas Hummel, Stadtrat a.D., in unser Autoren-Team holen konnten, der bereits für die Vorauflage einige wertvolle Rückmeldungen angebracht hat. Er hat die Bearbeitungen von Markus Mayer und Gerd Lang-Müller, insbesondere zu den Parteiorganen und zu den Mitgliedsrechten, übernommen.

München, im März 2016

Jürgen Carstensen
im Namen der Autoren

Kapitel 1: Parteigründung

Bearbeiter: Jürgen Carstensen

Dieses Kapitel richtet sich tatsächlich nur an Personen, die ihre eigene Partei gründen wollen. Anderen kann ein kurzes Durchlesen sicher nicht schaden, da zumindest einzelne grundlegende Kenntnisse über das Wesen einer Partei nicht schaden können.

Wie viele Mitglieder braucht eine Partei?

Man muss grundsätzlich unterscheiden zwischen einer „Organisation, die eine Partei sein will" und einer „Partei im Sinne des Parteiengesetzes" (siehe IST JEDE ORGANISATION, DIE SICH ALS PARTEI BEZEICHNET, AUCH WIRKLICH EINE?). Wir widmen uns zunächst der Frage, wie viele Leute man braucht, um eine Partei zu gründen. Hierfür gibt es keine gesetzliche Mindestzahl, dementsprechend gibt es auch verschiedene Ansichten dazu:

Drei Mitglieder: Da erst mit drei Stimmberechtigten eine geheime Wahl möglich ist, kann eine Organisation mit einem oder zwei Mitgliedern schon gar keine Partei sein, da sie ihren Vorstand nicht geheim wählen kann. Außerdem muss der Gesamtvorstand der Partei aus mindestens drei Personen bestehen, eine kleinere Partei könnte also nicht einmal dieses wichtige Organ ordnungsgemäß besetzen.

Fünf Mitglieder: Eine Partei braucht einen dreiköpfigen Vorstand sowie ein Schiedsgericht erster und zweiter Instanz. Diese Schiedsgerichte dürfen zwar auch aus nur einer Person bestehen, die Schiedsrichter dürfen aber keine Vorstandsmitglieder sein. Damit kommt man auf fünf Personen. Das Fehlen der Schiedsgerichte ist zwar gesetzeswidrig, es hat aber solange keine Auswirkungen, wie nicht ein innerparteilicher Streitfall eintritt, der unbedingt vor die Schiedsgerichte gehört.

Sieben Mitglieder: Ein Verein braucht mindestens sieben

Mitglieder, um ein eingetragener Verein werden zu können. Da eine Partei kein eingetragener Verein sein muss (siehe IST ES SINNVOLL, DIE PARTEI ALS EINGETRAGENEN VEREIN ZU ORGANISIEREN?), lässt sich diese Regel aber nicht ohne weiteres übertragen.

Fazit: Sofern wenigstens drei Mitglieder vorhanden sind, ist dies kein Grund, eine eventuelle Parteigründung zu unterlassen. Eine Partei sollte auch nicht nur deswegen aufgelöst werden, weil ihre Mitgliederzahl unter fünf bzw. sieben fällt.

Wie gründe ich eine Partei?

Die Parteigründung erfolgt durch eine Mitgliederversammlung. Dies ist schon mal problematisch, weil die Partei vor der Gründung ja gar nicht existiert und damit auch noch keine Mitglieder hat. Man spricht daher auch von Gründer- oder Gründungsversammlung.

Welche Personen zu den „Gründern" gehört, liegt bei diesen selbst. Es treffen sich dabei Personen, die eben gemeinsam Politik machen wollen. Wer dazugehören soll und wer nicht, müssen diese Menschen miteinander klären.

Welche Aufgaben hat die Gründungsversammlung?

1. Verabschiedung einer Satzung
2. Verabschiedung eines Programms
3. Wahl des Vorstands
4. ggf. Wahl der sonstigen Amtsträger

Wo muss ich meine Partei anmelden?

Nirgends. Es gibt kein Parteienregister.

Sollte die Partei als eingetragener Verein organisiert werden, muss der Vorstand die Partei im Vereinsregister anmelden.

Ist es sinnvoll, die Partei als eingetragenen Verein zu organisieren?

Eher nicht, da dies deutlich mehr Bürokratie und einiges an Kosten bedeutet.

Ist die Partei zugleich ein eingetragener Verein (wie dies bspw. bei der CSU der Fall ist), müssen Satzungsänderungen erst im Vereinsregister eingetragen werden, bevor sie wirksam sind. (§ 71 Abs. 1 Satz 1 BGB) Dies dauert nicht nur, sondern bedeutet auch Notar- und Gerichtskosten. Insgesamt wird das Verfahren deutlich komplizierter und nimmt der Partei einiges von der im Politikbetrieb notwendigen Flexibilität.

Der eigentliche Sinn der eingetragenen Vereins ist, dass Verbindlichkeiten nur aus dem Vereinsvermögen bezahlt werden und der Vorstand und die Mitglieder nicht für Schulden des Vereins haften müssen. Eine solche Haftung besteht nach der Rechtsprechung der Gerichte aber auch beim nicht eingetragenen Verein in den seltensten Fällen. Über § 37 PartG sind die Parteien den eingetragenen Vereinen haftungsmäßig praktisch völlig gleichgestellt.

Muss ich dem Bundeswahlleiter mitteilen, dass ich eine Partei gegründet habe?

Ja. Hierzu sind die Namen der Vorstandsmitglieder der Gesamtpartei sowie eventueller Landesverbände zu übermitteln. (§ 6 Abs. 3 PartG)

Außerdem benötigt der Bundeswahlleiter das Protokoll der Gründungsversammlung, die Satzung und das Programm. Erfahrungsgemäß sollten diese Dokumente am besten als PDF per E-Mail geschickt werden.

Fallen Kosten für die Gründung an?

Nein.

Nur, wenn man sich für den eingetragenen Verein als Rechtsform entschieden hat, fallen Notar- und Eintragungsgebühren an.

Welchen Namen kann ich der Partei geben?

Prinzipiell jeden. Wichtig ist lediglich, dass sich der Name vom Namen anderer bestehender Parteien unterscheidet. (§ 4 Abs. 1 PartG) Wenn die Partei als „Christliche und demokratische Union" betitelt werden soll, wird die „Christlich-demokratische Union" höchstwahrscheinlich etwas dagegen haben.

Muss die Bezeichnung „Partei" im Namen vorkommen?

Nein. In der Praxis sind ja auch ganz unterschiedliche Bezeichnungen üblich, z. B. „Union" (bei CDU und CSU) oder auch „Die Grünen", „Die Linke" o. ä.

Braucht die Partei eine Kurzbezeichnung?

Nicht unbedingt.

Es empfiehlt sich aber, vor allem bei einem längeren Parteinamen, auch eine Kurzbezeichnung zu führen, die dann in der Werbung verwendet werden kann.

Ist jede Organisation, die sich als Partei bezeichnet, auch wirklich eine?

Nein. Parteien im Sinne des Parteiengesetzes sind gemäß § 2 Abs.1 PartG nur Organisationen, die

1. die dauernd oder für längere Zeit
2. für den Bereich des Bundes oder eines Landes

3. auf die politische Willensbildung Einfluss nehmen und
4. an der Vertretung des Volkes im Deutschen Bundestag oder einem Landtag mitwirken wollen,
5. wenn sie nach dem Gesamtbild der tatsächlichen Verhältnisse eine ausreichende Gewähr für die Ernsthaftigkeit dieser Zielsetzung bieten, insbesondere
    a) nach Umfang und Festigkeit ihrer Organisation,
    b) nach der Zahl ihrer Mitglieder und
    c) nach ihrem Hervortreten in der Öffentlichkeit.

Wie wird die Gewähr für die Ernsthaftigkeit erbracht?

Umfang und Festigkeit der Organisation: Es muss eine gewisse Zahl an Gebietsverbänden bestehen, in denen tatsächlich Gremienarbeit stattfindet. Dafür sollte eine Liste der Verbände erstellt werden, am besten mit Kontaktdaten der jeweiligen Vorsitzenden.

Zahl der Mitglieder: Eine definitive Mindestzahl lässt sich nicht feststellen und sogar die ungefähr anzusetzende Größenordnung ist gewissen Schwankungen unterworfen. Wurde eine Zeitlang eine Mitgliederzahl von ca. 400 für notwendig gehalten, können mittlerweile auch schon Organisationen mit 50 Mitgliedern Parteien sein. Als Nachweis können Mitgliederlisten erstellt werden oder bspw. Anwesenheitslisten von Parteitagen (auch mit geschwärzten Nachnamen o.ä.) dienen.

Hervortreten in der Öffentlichkeit: Die Öffentlichkeitsarbeit sollte anhand von Dokumenten dargelegt werden, z.B. Genehmigungsbescheide für Infostände, Quittungen über die Saalmiete bei Veranstaltungen, Auszüge aus dem Terminkalender der Partei, Rechnungen für Flugblätter und Werbematerial, Belegexemplare von politischen Druckschriften etc.

Insgesamt muss man jedoch beachten, dass es hier um ein

Gesamtbild geht, das sich nicht in reinen Zahlen ausdrücken lässt. Es muss einfach ein lebendiges Parteileben darstellbar sein.

Wer entscheidet, ob die Partei eine Partei im Sinne des Parteiengesetzes ist?

Es gibt keine Behörde, die für die abstrakte Anerkennung einer Partei zuständig ist. Die Parteieigenschaft wird nur in zwei Zusammenhängen geprüft:

Bei der Gewährung von staatlicher Parteienfinanzierung, weil sich die Wahlkampfkostenerstattung für Wählergemeinschaften nach anderen Vorschriften richtet. Hier ist aber die Parteieigenschaft in aller Regel kein Problem, da eine Partei, die 0,5 % bundesweit bzw. 1,0 % in einem Land erreicht hat, ohne weiteres Gewähr für die Ernsthaftigkeit bietet.

Vor einer Bundestagswahl, weil bei dieser nur „echte" Parteien mit Landeslisten teilnehmen dürfen. Das Anerkennungsverfahren wird in der Form durchgeführt, dass die Partei neben ihrer Mitteilung an den Wahlleiter, dass sie zur Wahl antreten will („Beteiligungsanzeige"), auch erläutern muss, warum sie überhaupt eine Partei ist. Hier empfiehlt es sich, die oben genannten Nachweise gleich mitzuliefern. Die endgültige Entscheidung erfolgt dann durch den Bundeswahlausschuss, dessen Sitzung öffentlich ist und bei der auch ein Vertreter der Partei das Wort ergreifen kann. Die Beteiligungsanzeige sollte gut vorbereitet werden, ebenso der Auftritt vor dem Bundeswahlausschuss.

Wer entscheidet, ob meine Partei legal ist?

Eine solche Prüfung ist nicht vorgesehen.

Jede Partei muss grundsätzlich als legal behandelt werden, solange sie nicht vom Bundesverfassungsgericht verboten wurde. Ein solches Verbotsverfahren ist äußerst selten. In der Bundesrepublik gab es bisher nur zwei erfolgreiche Verbotsverfahren (Sozialistische

Reichspartei und Kommunistische Partei Deutschlands), zwei Verfahren wurden eingestellt, weil die „Parteien“ keine Parteien im Sinne des Parteiengesetzes (siehe oben) waren und dann gab es schließlich noch das gescheiterte Verbotsverfahren gegen die NPD.

Wann kann das Bundesverfassungsgericht meine Partei verbieten?

Wie man an der verschwindend geringen Zahl von Verbotsverfahren und der noch geringeren Zahl tatsächlicher Verbote sieht, ist diese Maßnahme eine absolute Ausnahme. Ein Verbot ist ausschließlich wegen Verfassungsfeindlichkeit zulässig und erfordert ganz erhebliche Beweise gegen die Partei.

Dabei reicht eine Ablehnung der gegenwärtigen Verfassung alleine nicht aus. Eine Partei darf sich selbstverständlich für Änderungen des Grundgesetzes einsetzen. Sie darf sogar eine komplett neue Verfassung für Deutschland fordern; dies ist im Grundgesetz ausdrücklich vorgesehen (siehe Art. 146 GG). Verfassungsfeindlichkeit meint alleine ein Bekämpfen der freiheitlich-demokratischen Grundordnung.

Und auch dieses Bekämpfen muss über ein reines „Ändernwollen“ hinausgehen. Es muss mit einer aggressiv-kämpferischen Grundhaltung einhergehen, die die Grundfesten des demokratischen Staates erschüttern will. Wir nehmen an, dass kein Leser dieses Buches ernsthaft vorhat, eine Partei zu gründen, die auch nur in die Nähe eines solchen Verbotsverfahrens kommen könnte.

Im übrigen handelt es sich bei der Einleitung eines Verbotsverfahrens auch um eine politische Entscheidung, die aus praktischen Gründen voraussetzt, dass die Partei auch eine reale Gefahr für die Demokratie darstellt, also zumindest eine gewisse Größe besitzt.

Wie löse ich meine Partei wieder auf?

Das Gegenstück zur Gründen – und darum behandeln wir es auch an dieser Stelle – ist die Auflösung einer Partei. Ein derartiger, meist ziemlich schmerzhafter Entschluss, bedarf einer eingehenden Beratung.

Daher ist die Auflösung die einzige Angelegenheit, die durch Urabstimmung der Mitglieder (siehe: WAS IST EINE URABSTIMMUNG?) beschlossen werden muss. Der erste Schritt liegt aber auch hier beim Parteitag: Dieser muss die Urabstimmung anordnen. Die Hürden sollte man hier, um Missbrauch vorzubeugen, eher hoch ansetzen.

Bsp.:

(1) DIE AUFLÖSUNG DER PARTEI WIRD DURCH DEN BUNDESPARTEITAG BESCHLOSSEN. DER BESCHLUSS BEDARF EINER MEHRHEIT VON DREI VIERTELN DER STIMMBERECHTIGTEN.
(2) DER BESCHLUSS NACH ABS. 1 MUSS DURCH URABSTIMMUNG DER MITGLIEDER BESTÄTIGT WERDEN. DIE BESTÄTIGUNG GILT NUR DANN ALS ERFOLGT, WENN MINDESTENS DREI VIERTEL DER ABGEGEBENEN STIMMEN FÜR DIE AUFLÖSUNG SIND.

Wann ist die Auflösung meiner Partei sinnvoll?

Dies lässt sich so allgemein nicht sagen.

Grundsätzlich muss man feststellen, dass es unschädlich ist, wenn die Partei sehr klein oder in weiten Teilen inaktiv ist. Insgesamt ist ein Trend dahingehend festzustellen, dass Parteien in den seltensten Fällen formell ausgelöst werden, sondern eher „versanden".

Wie kann meine Partei mit einer anderen Partei fusionieren?

Wenn sich mehrere Parteien zusammenschließen, bezeichnet das Gesetz dies als „Verschmelzung" (§ 6 Abs. 2 Nr. 11, § 9 Abs. 3

PartG).

Dafür gelten im wesentlichen die gleichen Regeln wie für eine Auflösung. Dies sollte sich auch in der Satzungsregelung niederschlagen:

DIE FÜR DIE AUFLÖSUNG GELTENDEN VORSCHRIFTEN GELTEN SINNGEMÄSS AUCH FÜR DIE VERSCHMELZUNG MIT ANDEREN PARTEIEN.

Kapitel 2: Grunddokumente

Bearbeiter: Jürgen Carstensen

Vielerlei Rechtsnormen bestimmen das Parteileben. Von außen sind dies verschiedene staatliche Gesetze, von innen sind es die Satzung, die organisatorische Bestimmungen trifft, und das Programm, das politische Aussagen zusammenfasst.

Nach welchen Gesetzen richtet sich die Rechtsstellung einer Partei?

1. Grundgesetz (Art. 21 GG)
2. Bürgerliches Gesetzbuch (§§ 21 bis 79 BGB)
3. Gesetz über die politischen Parteien, kurz: Parteiengesetz

Braucht die Partei eine ausgearbeitete Satzung oder reicht es auch, wenn der Parteitag gewisse Rahmenbeschlüsse fasst?

Die Satzung muss schriftlich niedergelegt werden. (§ 6 Abs. 1 Satz 1 PartG) Allerdings gehört dazu nur der verpflichtende Satzungsinhalt (siehe Was muss in der Satzung alles geregelt sein?), weitergehende Regelungen können auch der späteren politischen Entscheidung, z. B. durch den Parteitag, überlassen werden.

Muss die Satzung für alle Ebenen (Gebietsverbände) gelten und alles auf allen Ebenen regeln?

Nein, das kann die Partei selbst entscheiden. (§ 6 Abs. 1 Satz 2 PartG)

Es gibt prinzipiell die Möglichkeit, die Satzung nur für den jeweiligen Verband und seine Organe abzufassen. Bei einer Bundespartei werden also z. B. nur der Bundesvorstand und der Bundesparteitag geregelt. Dabei kann die Satzung allerdings voraussetzen, dass es einen bestimmten Unterbau gibt, also bspw. den Landesverbänden Delegiertenrechte zugestehen, obwohl sie gleichzeitig nicht regelt, wie der Landesparteitag zusammengesetzt ist. Das bedeutet dann aber, dass die untergeordneten Verbände zwingend eigene Satzungen erlassen müssen.

Die andere Variante ist die sog. „Vollsatzung", in der bis hinunter zum Ortsverband alles geregelt ist.

Selbstverständlich kann sie Satzung auch eine Mischform wählen, die z. B. vorsieht, dass die Kreisparteitage als Mitgliederversammlung konzipiert sind, gleichzeitig aber die Zusammensetzung der Kreisvorstände nicht vorschreibt.

Und schließlich gibt es noch die Möglichkeit, dass einzelne Entscheidungen ausdrücklich auf bestimmte Ebenen oder Organe übertragen werden. Bsp.: „Der Kreisvorstand besteht aus dem Vorsitzenden, seinem Stellvertreter und dem Schatzmeister. Die weiteren Mitglieder werden durch die Satzung des Kreisverbands festgelegt."

Was gilt, wenn die Satzung zu einer Frage keine Regelung enthält?

In dem Fall müssen die Parteiorgane die Sache selbst regeln.

Bestimmt die Satzung bspw. nicht, wer Pressemitteilungen für die Partei veröffentlichen darf, wird man annehmen dürfen, dass die als Bestandteil der Tagespolitik eine Aufgabe des Vorstands ist. Anders ist die Sache zu beurteilen, wenn der Parteitag offiziell einen Pressesprecher eingesetzt hat. Dann soll offensichtlich nur dieser berechtigt sein, Pressemitteilungen herauszugeben.

Der Parteitag kann auch Rahmenbeschlüsse erlassen, um den Vorstand zumindest etwas zu binden. Bsp.: „Der Vorstand darf keine Steuererhöhungen fordern." oder „Der Vorstand darf nur das sagen, was schon grob im Grundsatzprogramm der Partei steht und dieses ggf.

konkretisieren."

Was muss in der Satzung alles geregelt sein?

§ 6 Abs. 2 PartG gibt hier einen Überblick, wobei die einzelnen Unterpunkte alle noch einmal ausführlich an anderen Stellen des Gesetzes zu finden sind:

1. Namen sowie Kurzbezeichnung, sofern eine solche verwandt wird, Sitz und Tätigkeitsgebiet der Partei,
2. Aufnahme und Austritt der Mitglieder,
3. Rechte und Pflichten der Mitglieder,
4. zulässige Ordnungsmaßnahmen gegen Mitglieder und ihren Ausschluss,
5. zulässige Ordnungsmaßnahmen gegen Gebietsverbände,
6. allgemeine Gliederung der Partei,
7. Zusammensetzung und Befugnisse des Vorstandes und der übrigen Organe,
8. der Beschlussfassung durch die Mitglieder- und Vertreterversammlungen nach § 9 vorbehaltene Angelegenheiten,
9. Voraussetzung, Form und Frist der Einberufung der Mitglieder- und Vertreterversammlungen sowie Beurkundung der Beschlüsse,
10. Gebietsverbände und Organe, die zur Einreichung (Unterzeichnung) von Wahlvorschlägen für Wahlen zu Volksvertretungen befugt sind, soweit hierüber keine gesetzlichen Vorschriften bestehen,
11. eine Urabstimmung der Mitglieder und das Verfahren, wenn der Parteitag die Auflösung der Partei oder des Gebietsverbandes oder die Verschmelzung mit anderen Parteien nach § 9 Abs. 3 beschlossen hat. Der Beschluss gilt nach dem Ergebnis der

Urabstimmung als bestätigt, geändert oder aufgehoben,

12. Form und Inhalt einer Finanzordnung, die den Vorschriften des Fünften Abschnittes dieses Gesetzes genügt

Muss all das unmittelbar in der Satzung stehen?

In der Praxis gibt es neben der Satzung, die eher das Organisatorische regelt, noch eine Schiedsgerichtsordnung sowie eine Finanzordnung. Diese sind separate Dokumente, die neben der „eigentlichen Satzung“ stehen. Tatsächlich machen aber alle Dokumente, in denen satzungsrechtliche Regelungen stehen, die „Satzung insgesamt“ aus.

Ob also die Finanzregeln einer Partei in einem normalen Kapitel der Satzung oder in einem eigenen Dokument namens „Finanzordnung“ stehen, ist unerheblich.

Muss die Satzung auch wirklich „Satzung“ heißen?

Nein, es kommen auch abweichende Bezeichnungen wie „Organisationsstatut“ vor. Ein solches Statut ist aber selbstverständlich trotzdem eine Satzung, sie trägt nur einen anderen Namen.

Welche Parteiorgane muss es geben?

Jede Partei braucht als politische Organe: Vorstand und Parteitag. (§ 8 Abs. 1 Satz 1 PartG)

Weitere Funktionsposten, die unbedingt gewählt werden müssen, sind: Rechnungsprüfer und Schiedsgerichte. Schiedsgerichte sind nur auf den beiden höchsten Gliederungsebenen der Gesamtpartei notwendig. (§ 14 Abs. 1 Satz 1 PartG)

Welche Parteiorgane kann es geben?

Hier sind der Phantasie keine Grenzen gesetzt. Die Partei darf selbständig festlegen, welche weiteren Organe sie einrichten will. (§ 8 Abs. 1 Satz 2 PartG)

Zumindest auf Bundesebene ist ein sog. allgemeiner Parteiausschuss („Kleiner Parteitag“) üblich. Häufig werden Fachausschüsse gewählt, die bestimmte politische Themen bearbeiten (Wirtschaftspolitik, Außenpolitik, ...) oder organisatorische Aufgaben erledigen (Satzungskommission, Programmkommission, ...).

Braucht die Partei ein ausgearbeitetes Programm oder reicht es auch, wenn der Parteitag gewisse Rahmenbeschlüsse fasst?

Ja, das Programm muss schriftlich niedergelegt sein. (§ 6 Abs. 1 PartG) Daneben ist es selbstverständlich möglich, einzelne Resolutionen zu politischen Themen zu fassen.

Muss das Programm alle politischen Themen umfassen?

Nein. Sogar Ein-Themen-Parteien sind vom Parteienbegriff umfasst. Das Programm muss lediglich die Vorstellungen enthalten, die die Partei umsetzen will.

Muss das ein „richtiges“ Programm sein oder reicht ein Forderungskatalog?

Hierfür gibt es keine Vorgaben.

Die meisten Bundestagsparteien haben ein Grundsatzprogramm, das die Weltsicht der Partei darlegt und sich mit konkreten Forderungen sehr bedeckt hält. Diese werden dann in erst in Wahlprogrammen aufgestellt.

Ein Programm kann aber auch nur auflisten, was die Partei

umsetzen will, wenn sie die Gelegenheit dazu bekommt. Ebenso sind Stichwortkataloge grundsätzlich nicht verboten.

Muss ich dem Bundeswahlleiter jede Änderung an Satzung, Programm und Vorständen mitteilen?

Ja, und zwar (§ 6 Abs. 3 Satz 2 PartG):

1. Satzung und Programm der Gesamtpartei
2. Vorstand der Gesamtpartei (Bundesverband) und aller Landesverbände

Die Mitteilung sollte grundsätzlich sofort erfolgen.

Prüft der Bundeswahlleiter meine Satzung auf rechtliche Mängel?

Nein, in aller Regel nicht.

Zwar kann der Bundeswahlleiter theoretisch ein Zwangsgeld androhen (§ 38 PartG), wenn keine gesetzeskonforme Satzung vorgelegt wird. In der Praxis wird die Ausarbeitung der Satzung aber in erster Linie den zuständigen Parteigremien überlassen und es erfolgt keine detaillierte Prüfung sämtlicher Satzungsbestimmungen. Dementsprechend sind in der Unterlagensammlung des Bundeswahlleiters viele Satzungen – auch großer Parteien – zu finden, die einzelne unzulässige Bestimmungen enthalten.

Möglich ist es aber, dass sich eine Partei von sich aus an den Bundeswahlleiter wendet und eine Anfrage stellt, ob angedachte Satzungsbestimmungen zulässig sind.

Kapitel 3: Mitglieder

Bearbeiter: Thomas Hummel

Mitglieder sind der „Grundstoff“, aus dem eine Partei besteht. Auch, wenn in den Medien meistens eher die Funktionsträger bis hin zu hohen Politikern im Vordergrund stehen, ist es doch (in der Theorie) die Mitgliederschaft, die die Zügel in der Hand hält und (wieder in der Theorie) jede Entscheidung selbst treffen kann.

Wer entscheidet über die Aufnahme von Mitgliedern?

Das muss in der Satzung festgelegt werden. (§ 10 Abs. 1 Satz 1 PartG) Häufig fällt das in die Zuständigkeit des Vorstands einer der unteren Ebenen. Es hat sich hier allerdings bewährt, höheren Ebenen (z. B. dem Parteivorstand) zumindest ein Vetorecht einzuräumen.

Muss die Partei jeden, der einen Mitgliedsantrag stellt, aufnehmen?

Ganz klar nein.

Laut Parteiengesetz entscheiden die Parteien „frei“ über die Aufnahme von Mitgliedern. (§ 10 Abs. 1 Satz 1 PartG) Die Ablehnung eines Mitgliedsantrags muss auch nicht begründet werden. (§ 10 Abs. 1 Satz 2 PartG)

Dürfen Ausländer Parteimitglieder sein?

Ja, allerdings darf nur maximal die Hälfte der Parteimitglieder Ausländer sein. Ansonsten verliert die Partei ihren Parteistatus und wird zu einer Wählergruppe. (§ 2 Abs. 3 PartG)

Personen mit doppelter oder mehrfacher Staatsangehörigkeit zählen nicht als Ausländer. (Natürlich nur, wenn eine ihrer Staatsangehörigkeiten die deutsche ist.)

Dürfen Personen, die nicht in Deutschland leben, Parteimitglieder sein?

Ja. Diese Personen zählen, da sie eben Deutsche sind, auch nicht zu den Ausländern i.S.d. § 2 Abs. 3 PartG.

Dürfen Minderjährige Parteimitglieder sein?

Ja.

Ob die Unterschrift der Eltern auf dem Aufnahmeantrag notwendig ist, ist umstritten. Sicherheitshalber sollte die Partei darauf bestehen. In jedem Fall dürfen Eltern nicht für ihre Kinder die Mitgliedsrechte wahrnehmen, also bspw. in deren Namen abstimmen.

Dürfen Vereine oder Firmen Parteimitglieder sein?

Nein, nur Menschen („natürliche Personen“) können sich in einer Partei organisieren.

Was ist eine Aufnahmesperre und warum ist sie unzulässig?

Eine Aufnahmesperre bedeutet, dass die Partei für eine bestimmte Zeit keine Neumitglieder mehr aufnimmt oder dies nur in Ausnahmefällen tut. Eine solche ist nicht erlaubt. (§ 10 Abs. 1 Satz 3 PartG) Damit soll verhindert werden, dass sich die Partei nach außen abschottet und keine neuen Ideen mehr zulässt.

Das Verbot einer allgemeinen Aufnahmesperre schließt selbstverständlich nicht aus, dass die Partei bei der Aufnahme neuer Mitglieder behutsam vorgeht und bspw. nach einem Wahlerfolg verhindern will, dass nun viele Opportunisten beitreten. Hier liegt es an den zuständigen Organen, Neumitglieder bspw. erst nach einem persönlichen Kennenlernen aufzunehmen

Auch eine spezielle Aufnahmesperre, die frühere Mitglieder bestimmter anderer Parteien ausschließt, ist zulässig.

Wer kann kein Parteimitglied sein?

Wer das Wahlrecht oder die Wählbarkeit verloren hat. (§ 10 Abs. 1 Satz 4 PartG) Dies tritt in der Regel nur ein, wenn man wegen einer schweren Straftat verurteilt wurde, unter Betreuung steht („entmündigt“ wurde) oder sich wegen einer Straftat in der Psychiatrie befindet.

Wenn man nur deswegen nicht wählen darf, weil man Ausländer oder Minderjähriger ist oder noch nicht lange genug in Deutschland wohnt, ist das für die Parteimitgliedschaft ohne Belang. Auch diese Personen dürfen Mitglieder sein.

Müssen alle Mitglieder gleiches Stimmrecht haben?

Ja. Es ist nicht erlaubt, dass bspw. langjährige Mitglieder doppeltes Stimmrecht haben. (§ 10 Abs. 2 Satz 1 PartG)

Zulässig und logisch notwendig ist es dagegen, dass Mitglieder, die einem bestimmten Organ nicht angehören, hier auch nicht mitstimmen dürfen. Wer nur als Gast auf einem Delegiertenparteitag ist, kann keine Stimme abgeben.

Welche Rechte haben die Parteimitglieder?

Das kommt auf die Satzung an.

Die Rechte der Mitglieder sind – obwohl § 10 PartG diese Überschrift trägt – im Gesetz nicht festgelegt. Grob kann man sagen, dass als Grundrechte die Wahl des Vorstands und der Delegierten sowie die Mitwirkung an Abstimmungen vom Gesetz vorausgesetzt wird.

Weitere Rechte (z.B. Einsichtsrechte in Unterlagen, Kontrollrechte, Mitgliederbegehren usw.) können in der Satzung verankert werden.

Wie kann man verhindern, dass jemand in der Partei mitredet, obwohl er nicht einmal Beitrag zahlt?

Die Ausübung der Mitgliedsrechte kann ausgeschlossen werden, wenn jemand mit seinem Beitrag im Verzug ist. (§ 10 Abs. 2 Satz 2 PartG) Dafür ist allerdings eine Regelung in der Satzung notwendig. Diese kann so aussehen:

> (1) Der Mitgliedsbeitrag ist am Jahresanfang fällig und wird in der Regel durch Lastschrift eingezogen. Beginnt die Mitgliedschaft während des Jahres, so ist der Mitgliedsbeitrag zwei Wochen nach Beginn der Mitgliedschaft fällig.
> (2) Hat das Mitglied einen fälligen Beitrag nicht bezahlt oder konnte die Lastschrift nicht eingelöst werden, so ist das Mitglied schriftlich zur Zahlung aufzufordern.
> (3) Mit der Aufforderung nach Abs. 2 soll das Mitglied darauf hingewiesen werden, dass seine Mitgliedsrechte bis zur Bezahlung des Beitragsrückstands ruhen.

Wann kann ein Mitglied aus der Partei austreten?

Jederzeit. (§ 10 Abs. 2 Satz 4 PartG)

Allerdings steht man in der Praxis oft vor dem Problem, dass Mitglieder noch so lange dabeibleiben wollen wie sie Beitrag bezahlt haben – man verschenkt ja nichts... Statt sich einen Austritt also monatelang auf Wiedervorlage bis zum 31.12. zu legen, sollte man folgenden Passus in die Satzung aufnehmen:

> Jedes Mitglied ist jederzeit zum sofortigen Austritt aus der Partei durch schriftliche Erklärung berechtigt. Die Mitgliedschaft endet stets mit dem Zugang der Austrittserklärung. Dies gilt auch, wenn ein Datum angegeben wurde, zu dem der Austritt gelten soll.

Wie kann ein Mitglied aus der Partei austreten?

Grundsätzlich nur durch schriftliche Erklärung. Allerdings kann es ratsam sein, auch mündliche Erklärungen gelten zu lassen. Ein Mitglied, das ausdrücklich sagt, dass es kein Mitglied mehr sein will, sollte man nicht durch unnötigen Formalismus binden. In der Satzung würde das ungefähr so aussehen:

> Als schriftliche Erklärung zählt auch eine mündliche Erklärung, die durch den Empfänger schriftlich niedergelegt und bezeugt wird. Wird der Austritt öffentlich oder gegenüber einer unzuständigen Person erklärt, so bedarf er des Zugangs bei der Partei.

Erlischt die Mitgliedschaft, wenn der Beitrag nicht bezahlt wird?

Nein.

Zwar sehen die Satzungen einiger, auch großer, Parteien so ein Erlöschen vor, zulässig ist es aber nicht. Der Grund liegt darin, dass das Parteiengesetz nur ein Verfahren kennt, wie eine Partei ihre Mitglieder loswerden kann: Durch Ausschluss. Das darf auch nicht aus finanziellen Gründen unterlaufen werden.

Tatsächlich muss also auch bei Beitragsrückständen ein Ausschlussverfahren durchgeführt werden.

Wie kann die Partei ein Mitglied loswerden?

Nur durch Ausschluss. (§ 10 Abs. 4 PartG)

Nicht zulässig ist bspw. die in manchen Vereinen praktizierte Variante, dass die Mitgliedschaft nach gewisser Zeit einfach „ausläuft“, sofern sie nicht verlängert wird. Die Parteimitgliedschaft ist grundsätzlich auf Dauer angelegt.

Welche Voraussetzungen müssen für einen Ausschluss vorliegen?

§ 10 Abs. 4 des Parteiengesetzes stellt dafür folgende Voraussetzungen auf:

1. Entweder

   a) vorsätzlicher Verstoß gegen die Satzung oder

   b) erheblicher Verstoß gegen Grundsätze oder Ordnung der Partei

2. und dadurch Zufügung eines schweren Schadens für die Partei.

Was darunter jeweils zu verstehen ist, sehr strittig und allgemein kaum zu beantworten. Im Endeffekt wird man auf den Einzelfall abstellen müssen. Dabei sollte jedoch berücksichtigt werden, dass der Ausschluss das schärfste Mittel ist, also nur bei schwereren Verstößen gegen die Parteidisziplin Anwendung finden sollte.

Rechtfertigt dann das Nichtbezahlen des Mitgliedsbeitrags überhaupt ein Ausschlussverfahren?

Ja, da die Partei sonst kein anderes Mittel hätte, chronische Nichtzahler loszuwerden.

Die Beitragssäumigkeit ist ein vorsätzlicher Verstoß gegen die Satzung, die in aller Regel eine Beitragspflicht vorsieht. Ein schwerer Schaden liegt damit zwar im engeren Wortsinne nicht vor, da die Partei nicht pleite geht, wenn ein Mitglied nicht bezahlt. Aus diesem Grund wird die Schwere des Schadens in Relation zur persönlichen Pflicht gesehen. Da die Beitragszahlung die wesentlichste Pflicht des Mitglieds ist, ist deren Verletzung auch als schweres Fehlverhalten und schwere Schädigung der Partei zu werten.

Welches Verfahrensregeln sind für ein Ausschlussverfahren einzuhalten?

Der Ausschluss kann nur durch ein Verfahren vor dem Schiedsgericht beschlossen werden. (§ 10 Abs. 5 Satz 1 PartG) Der Vorstand kann ein Mitglied also keinesfalls selbst ausschließen, sondern lediglich einen Antrag auf Durchführung eines Verfahrens vor dem Schiedsgericht stellen.

Gegen das Urteil des ersten Schiedsgerichts muss es die Möglichkeit der Berufung an ein Schiedsgericht höherer Ordnung geben. (§ 10 Abs. 5 Satz 2 PartG)

Ist noch unklar, ob man Schiedsgerichte auf der nachgeordneten Ebene flächendeckend einrichten kann, ist zu überlegen, ob man nicht zwei Instanzen auf Bundesebene einführt (siehe WIE VIELE SCHIEDSGERICHTE BRAUCHT EINE PARTEI?)

Was kann man tun, wenn keine zwei Schiedsgerichts-Instanzen bestehen?

Grundsätzliche sollte jede Partei unbedingt dafür sorgen, dass es zwei Instanzen gibt. Damit kann man sich viele Unannehmlichkeiten ersparen.

Besteht aber nur ein Schiedsgericht, so muss dieses wohl oder übel das Verfahren durchziehen. Die Entscheidung des Gerichts ist zwar trotzdem grundsätzlich gültig, allerdings kann es sein, dass der Ausgeschlossene dann vor ein staatliches Gericht zieht und dieses die gesamte Entscheidung überprüft.

Ist ein ordentliches Schiedsverfahren mit Berufungsinstanz durchgeführt worden, überprüft ein eventuell angerufenes staatliches Gericht nur noch, ob das Verfahren an sich korrekt durchgeführt wurde. Ob die Entscheidung so richtig ist oder ob man vielleicht zu einer anderen Beurteilung kommen könnte, interessiert dieses Gericht dann nicht mehr.

Was genau bedeutet „Berufung“ in diesem Fall?

Im staatlichen Prozessrecht ist Berufung eine Überprüfung des Urteils auf Tatsachenfehler, während die Revision nur prüft, ob das Gericht das Recht korrekt angewandt hat.

Ob dies auch auf das Schiedsgerichtsverfahren angewandt werden kann, ist fraglich. Sicherheitshalber sollte die zweite Instanz das komplette Verfahren grundsätzlich neu durchführen.

Wie funktioniert eine Suspendierung?

Der Vorstand kann beschließen, dass ein Mitglied seine Rechte nicht mehr ausüben kann. (§ 10 Abs. 5 Satz 4 PartG) Dies erfolgt durch Vorstandsbeschluss, der dem Betroffenen schriftlich mitgeteilt werden soll. Solange der Beschluss nicht aufgehoben ist, wird der Betroffene wie ein Nichtmitglied behandelt, darf also nicht mitstimmen und darf (je nach Satzung) möglicherweise nicht einmal an Veranstaltungen der Partie teilnehmen.

Welche milderen Maßnahmen gegen Mitglieder sind möglich?

Möglich sind vielerlei andere Ordnungsmaßnahmen, üblich sind folgende:

1. Verwarnung ohne weitere Folgen
2. Enthebung von bestimmten Parteiämtern
3. Verbot, bestimmte Parteiämter für eine bestimmte Zeit zu bekleiden

Wer kann diese Ordnungsmaßnahmen anordnen?

Das muss die Satzung regeln, normalerweise ist es der Vorstand, der hierfür zuständig ist.

Welchen Inhalt muss die Satzung dafür haben?

Die Satzung muss die möglichen Ordnungsmaßnahmen aufzählen und sollte zumindest grob beschreiben, für welches Fehlverhalten diese Maßnahmen zulässig sind. (§ 10 Abs. 3 PartG)

Welche Verfahrensregeln sind dafür einzuhalten?

Es muss die Möglichkeit geben, gegen die Entscheidung das Schiedsgericht anzurufen. Dies ergibt sich daraus, dass § 14 Abs. 1 Satz 1 PartG grundsätzlich alle Streitigkeiten zwischen der Partei und Mitgliedern dem Schiedsgerichtsverfahren unterwirft. In diesem Verfahren ist aber keine Berufungsmöglichkeit verpflichtend.

Kapitel 4: Gebietsverbände

Bearbeiter: Sophie Lengerich

Eine Massenpartei kann als zentralistische Organisation nicht sinnvoll arbeiten. Würde das gesamte Parteileben nur aus dem Bundesverband bestehen, wäre die innerparteiliche Demokratie praktisch nicht vorhanden.

Daher muss die Partei regional unterteilt werden, damit jedes Mitglied an seinem Wohnort (oder zumindest in der näheren Umgebung) an der politischen Arbeit teilhaben kann. Auch in Zeiten des Internets, wo die Hierarchien flacher werden, sind Gebietsverbände noch immer eine bedeutendes Element der Parteiorganisation.

Was ist ein Gebietsverband?

Eine regionale Abteilung der Partei, z. B. alle Mitglieder in einem Bundesland oder in einer Gemeinde. (§ 7 Abs. 1 Satz 1 PartG) Der Gebietsverband ist rechtlich nicht selbständig, sondern eine Zweigorganisation der Gesamtpartei.

Welche Gebietsverbände sollen eingerichtet werden?

Das kann die Partei völlig frei in ihrer Satzung regeln. Es bieten sich jedoch folgende Verbände an, die sich an der staatlichen Einteilung orientieren:

1. Landesverbände (in jedem Bundesland)
2. Bezirksverbände (sofern im jeweiligen Bundesland Regierungsbezirke existieren)
3. Kreisverbände (in Landkreisen und kreisfreien Städten)
4. Ortsverbände (in Gemeinden)

Von allzu eigenwilligen Konstruktionen wie der historisch

bedingten Einteilung der SPD in Bezirke und Unterbezirke ist dringend abzuraten, da dies zu unerwünschten Ergebnissen und erheblichen Organisationsproblemen, vor allem im Hinblick auf Wahlen, führen kann.

Wie viele Mitglieder braucht ein Gebietsverband?

Da ein Gebietsverband keine zwei Schiedsgerichte braucht, kommt man hier ohnehin nicht auf eine Mindestmitgliederzahl von fünf. Die Argumente der geheimen Wahl und des dreiköpfigen Vorstands gelten aber auch hier, sodass man drei Mitglieder jedenfalls benötigt.

Die Satzung kann jedoch eine höhere Mindestmitgliederzahl festlegen.

Was muss ich bei der Satzung für einen Gebietsverband beachten?

Die Satzung eines Gebietsverbands darf lediglich das regeln, was nicht durch höhere Ebenen geregelt ist. (§ 6 Abs. 1 Satz 2 PartG) Sieht die Bundessatzung verbindlich vor, dass die Ortsverbände die Mitgliedsbeiträge einziehen, darf der Landesverband diese Aufgabe nicht den Kreisverbänden zuordnen. Dies gilt übrigens nicht nur für die Satzung eines übergeordneten Verbands, sondern auch für einfache Beschlüsse.

Sind Gebietsverbände Pflicht?

Ja, allerdings ist diese Pflicht praktisch nicht durchsetzbar. Keine staatliche Stelle wird einen Bescheid erlassen, der die Partei unter Androhung von Sanktionen verpflichtet, Landesverbände zu gründen.

Gebietsverbände werden ohnehin entstehen, wenn die Partei groß genug wird. Ob eine Partei mit zehn Mitgliedern in ganz

Deutschland nun auch noch einen Landesverband gründet oder nicht, interessiert niemanden. Hat die Partei erst einmal 5000 Mitglieder, werden sich die hessischen Mitglieder von selbst zusammenfinden, um ihre eigenen Verantwortlichen zu wählen.

Was mache ich, wenn meine Partei so klein ist, dass sich keine Gebietsverbände lohnen?

In dem Fall sollte das Augenmerk zunächst darauf liegen, neue Mitglieder zu finden.

Welche Ordnungsmaßnahmen sind gegen Gebietsverbände zulässig?

Gemäß § 16 Abs. 1 Satz 1 PartG:

1. Auflösung
2. Ausschluss
3. Amtsenthebung von Organen

Wie muss dies satzungsmäßig abgesichert werden?

Die Satzung muss die Tatbestände und das Verfahren vorschreiben. (§ 16 Abs. 1 Satz 2 PartG)

Wer verhängt die Ordnungsmaßnahme und wie muss sie bestätigt werden?

Normalerweise ein übergeordneter Vorstand. Dieser braucht die Bestätigung durch ein höheres Organ, also bspw. durch einen allgemeinen Parteiausschuss oder durch den übergeordneten Vorstand. (§ 16 Abs. 2 Satz 1 PartG)

Zudem muss sich zwingend der nächste Parteitag mit der Ordnungsmaßnahme beschäftigen und sie bestätigen oder aufheben.

Wird nicht darüber entschieden oder sie nicht bestätigt, gilt sie in jedem Fall als aufgehoben.

Ist es sinnvoll, Gebietsverbände aus der Partei zu werfen?

Nein.

Was passiert in dem Fall mit den Mitgliedern des Gebietsverbands?

Das ist unklar. Wahrscheinlich werden sie dann Mitglieder des ausgeschlossenen Verbands, die Mitgliedschaft in der Partei erlischt. Da bisher kaum eine Partei jemals einen Gebietsverband ausgeschlossen hat, musste diese Frage auch kaum jemals beantwortet werden.

Wie funktioniert das schiedsgerichtliche Verfahren über Ordnungsmaßnahmen gegen Gebietsverbände?

Wie das normale Schiedsgerichtsverfahren auch.

Der Gebietsverband wird dabei durch seinen Vorstand vertreten. Möglicherweise sollte der betroffene Gebietsverband zuerst noch einen Parteitag mit Neuwahlen einberufen, um sicherzustellen, dass der Vorstand das Vertrauen der Basis besitzt. Nicht selten wird es ja gerade das Verhalten des Vorstands gewesen sein, das die Ordnungsmaßnahme ausgelöst hat.

Kapitel 5: Vorstand

Bearbeiter: Thomas Hummel

Ein Verein oder auch eine Partei können nicht handeln wie eine Person. Aus diesem Grund braucht es Funktionsträger, die für die Organisation handeln, sie also in der Rechtssprache „vertreten". Das wichtigste dieser Organe ist der Vorstand.

Wie wird der Vorstand gebildet?

Der Vorstand wird vom Parteitag der jeweiligen Ebene gewählt. (§ 11 Abs. 1 Satz 2 PartG)

Aus wie vielen Personen muss der Vorstand bestehen?

Auf allen Ebenen aus mindestens drei Personen. (§ 9 Abs. 4 PartG)

Aus welchen Personen muss der Vorstand bestehen?

Das Parteiengesetz nennt nur den Vorsitzenden und seinen Stellvertreter. (§ 11 Abs. 1 Satz 2 PartG) Diese Positionen sind also als Pflichtposten anzunehmen. Soweit der Gebietsverband eine Kasse führt (also Vermögen oder Einnahmen und Ausgaben in welcher Form auch immer hat), muss auch ein hierfür zuständiges Mitglied (Kassier, Schatzmeister) gewählt werden. (§ 23 Abs. 1 Satz 4 PartG)

Weitere Positionen kann die Partei frei nach ihren Notwendigkeiten festlegen, üblich sind z. B.:

1. Generalsekretär
2. Schriftführer
3. Pressesprecher

4. Geschäftsführer
5. Vorstandsmitglieder ohne direkten Zuständigkeitsbereich („weitere Mitglieder“, „Besitzer“)

Darf ein Verband mehrere Vorsitzende haben?

Ja, allerdings muss die Satzung dies ausdrücklich so vorsehen. Bei den Grünen ist dies bspw. der Fall.

Müssen Vorstandsmitglieder in bestimmte Ämter gewählt werden?

Die im Gesetz genannten Vorstandsmitglieder (Vorsitzender, Stellvertreter, Schatzmeister; siehe oben) müssen auch tatsächlich als solche gewählt werden. Es reicht hier nicht, bspw. fünf Vorstandsmitglieder zu wählen und diese dann selbst entscheiden zu lassen, wer Vorsitzender ist.

Sind Frauenquoten im Vorstand zulässig?

Im Endeffekt wohl ja.

Zwar gibt es sehr massive Vorbehalte gegen Quotenregelungen, da diese ein Verstoß gegen demokratische Grundprinzipien sind. Im Endeffekt werden diese aber aus Gründen der Programm- und Satzungsfreiheit der Parteien akzeptiert: Wenn sich eine Programm zur Erreichung von Geschlechtergerechtigkeit durch Quoten bekennt, muss sie auch das Recht haben, dies innerparteilich festzuschreiben und ihre Gremien entsprechend zu besetzen.

Die in erster Linie bei SPD und Grünen üblichen Frauenquoten wurden bisher jedenfalls auch durch staatliche Gerichte akzeptiert.

Sind andere Quotenregelungen zulässig?

Wenn man die Überlegungen zur Frauenquote entsprechend aufgreift, dürfte auch nichts gegen Jugend-, Arbeiter- oder ähnliche Quoten sprechen.

Da diese jedoch eher unüblich sind, besteht ein gewisses Risiko in ihrer Festschreibung. Es ist nicht auszuschließen, dass ein Gericht diese für unzulässig halten würde und daher zu dem Schluss käme, ein so besetzter Vorstand sei nicht gesetzeskonform gewählt.

Unproblematischer ist sicher, derartige Festlegungen in der Satzung zu vermeiden und stattdessen vor einer Wahl gewisse Notwendigkeiten für Repräsentationen offen zu diskutieren und entsprechende Kandidaten vorzuschlagen.

Wie wird die weitere Geschäftsverteilung im Vorstand festgelegt?

Soweit die Satzung keine Regelungen trifft, durch Parteitagsbeschluss oder, wenn auch der Parteitag nichts festgelegt hat, durch eigene Entscheidung des Vorstands. Dabei kann der Vorstand grundsätzlich entscheiden („Beisitzer X ist für die Beschaffung von Wahlkampfmaterial zuständig“) oder Zuständigkeiten im Einzelfall festlegen („Beisitzer Y wird beauftragt, drei Angebote über 5000 Papierplakate mit einem schönen Landschaftsbild drauf einzuholen“).

Was passiert, wenn ein Vorstandsmitglied ausfällt?

In diesem Fall muss der Parteitag jemand anderen nachwählen. Wann dies geschieht, ist grundsätzlich der Partei überlassen. Fällt der Vorsitzende aus, so wird man in der Regel schneller handeln als wenn der stellvertretende Schriftführer zurücktritt.

Kann der Vorstand auch von sich aus neue Vorstandsmitglieder ernennen?

Nein, weder der Vorstand noch ein sonstiges Parteiorgan kann Vorstandsmitglieder wählen. Das ist ausschließlich Sache des Parteitags.

Kann die Satzung eine automatische Nachrückregelung festlegen?

Das ist umstritten. Aufgrund der Pflicht zur Wahl in ein bestimmtes Amt wird man zumindest nicht davon ausgehen können, dass der (erste) stellvertretende Vorsitzende automatisch zum Vorsitzenden wird, wenn dieser zurücktritt.

In der Praxis gibt es aber trotzdem das Bedürfnis, dass klare Verhältnisse herrschen. Insofern ist eine Regelung zu empfehlen, die zwar kein automatisches Nachrücken vorsieht, allerdings festlegt, wer das Amt weiterführt, bis eine Nachwahl stattgefunden hat. Wichtig ist dabei, dass auch der Vertreter Mitglied des Vorstands ist, da es sonst zu Konflikten mit anderen Vorschriften kommen kann.

Beispiel:

(1) Der Vorstand besteht aus folgenden Mitgliedern:
1. Vorsitzender
2. erster und zweiter stellvertretender Vorsitzender
3. Schatzmeister
4. stellvertretender Schatzmeister
5. Generalsekretär
6. stellvertretender Generalsekretär
(2) Scheidet der Vorsitzende aus seinem Amt aus, so führt der erste, in weiterer Folge der zweite stellvertretende Vorsitzende dessen Amt bis zur Neuwahl aus. Scheiden der Schatzmeister

ODER DER GENERALSEKRETÄR AUS IHREN ÄMTERN AUS, SO FÜHRT IHR JEWEILIGER STELLVERTRETER DAS AMT BIS ZUR NEUWAHL WEITER.

Um ganz sicher zu gehen, kann man noch eine Hilfsklausel einbauen, falls auch die so berufenen Stellvertreter ausscheiden:

(3) STEHT KEIN NACH ABS. 2 ZUSTÄNDIGER STELLVERTRETER ZUR VERFÜGUNG, SO BETRAUT DER VORSTAND EIN ANDERES VORSTANDSMITGLIED MIT DER WEITERFÜHRUNG DES AMTES.

Wie oft wird der Vorstand gewählt?

Mindestens in jedem zweiten Kalenderjahr (§ 11 Abs. 1 Satz 1 PartG), die Satzung kann aber auch kürzere Amtszeiten festlegen.

Bleibt es bei der gesetzlichen Regelung, dann bedeutet das, dass die Wahl an jedem beliebigen Tag im Jahr stattfinden kann, also keinesfalls nur genau zwei Jahre nach der letzten Wahl. Wurde der Vorstand bspw. am 15.3.2013 gewählt, muss die nächste Wahl spätestens am 31.12.2015 stattfinden.

Die Amtszeit liegt also irgendwo zwischen gut einem und knapp drei Jahren.

Was passiert, wenn der Vorstand auf einmal weniger als drei Mitglieder hat?

Ein Vorstand mit nur einem oder zwei Mitgliedern ist an sich nicht mehr handlungsfähig. In der Praxis wird dieses Problem dadurch behoben, dass die verbliebenen Mitglieder oder der nächsthöhere Vorstand möglichst schnell einen Parteitag einberuft, der Neuwahlen durchführt.

Hat der Gesamtvorstand der Partei weniger als drei Mitglieder, so müsste eigentlich das zuständige Amtsgericht einen sogenannten Notvorstand einsetzen, der dann schnellstmöglich Neuwahlen herbeiführen muss. (§ 29 BGB) Diesen unnötigen Eingriff von außen kann man ebenfalls dadurch vermeiden, dass der Restvorstand selbst zu Neuwahlen einlädt.

Wie kann man dafür sorgen, dass dem Vorstand bestimmte Mitglieder automatisch angehören?

Die Satzung kann bestimmen, dass maximal ein Fünftel der Vorstandsmitglieder „Persönlichkeiten aus der Partei“ sind. (§ 11 Abs. 2 Satz 2 und 3 PartG) Die Regelung hierfür entspricht im wesentlichen der Regelung für den Parteitag.

Was ist eine parteinahe Stiftung?

Eine parteinahe Stiftung ist eine Organisation (meistens ein Verein, nur selten tatsächlich eine Stiftung), die sich um die Verbreitung einer politischen Ideologie sowie um wissenschaftliche Betätigung in diesem Sinne kümmert. Diese Stiftungen sind zwar formell unabhängig von der Partei, stehen ihr aber nahe. Beispiele sind die Konrad-Adenauer-Stiftung der CDU, die Heinrich-Böll-Stiftung der Grünen oder die Friedrich-Ebert-Stiftung der SPD.

Was bedeutet die Imkompatibilität zwischen Partei und Stiftung?

Um die Unabhängigkeit der Stiftung zu erhalten, darf der Vorsitzende der Stiftung nicht auch Gesamt-Vorsitzender der Partei sein, für die Schatzmeister gilt dasselbe (§ 11 Abs. 2 Satz 3 PartG). Für andere Vorstandsmitglieder gilt dies nach der klaren Regelung nicht, ebensowenig wie für die den Vorsitzenden und den Schatzmeister eines untergeordneten Gebietsverbands.

Welche Aufgaben hat der Vorstand?

Der Vorstand führt das Tagesgeschäft der Partei. (§ 11 Abs. 3

PartG) Tatsächlich ist der Vorstand natürlich das bestimmende Organ, das die politische Ausrichtung der Partei wesentlich prägt. Hinzu kommen auch organisatorische Aufgaben wie die Aufstellung eines Haushaltsplans, unter Umständen die Einstellung von Mitarbeitern, die Anschaffung von Werbematerial und die Wahlkampfplanung.

Inwieweit kann der Vorstand frei entscheiden?

Nur, soweit er nicht durch Gesetz, Satzung oder Beschluss des Parteitags eingeschränkt ist.

Im Sinne der innerparteilichen Demokratie empfiehlt es sich zudem, nicht von jeder theoretisch eingeräumten Kompetent Gebrauch zu machen, sondern auch breitere Parteiorgane an der Entscheidungsfindung zu beteiligen.

Gibt es einen Unterschied zwischen parteirechtlichem und vereinsrechtlichem Vorstand?

Der vereinsrechtliche Vorstand vertritt die Partei nach außen, kann also bspw. Verträge für die Partei schließen. (§ 26 Abs. 1 Satz 2 BGB)

Der parteirechtliche Vorstand vertritt die Partei im politischen Sinne und erledigt die Aufgaben, die ihm das Parteiengesetz zuweist.

Normalerweise sind beide Vorstände identisch (§ 11 Abs. 3 Satz 2 PartG), es sind allerdings auch abweichende Regelungen möglich. Bsp.: CSU, hier besteht der vereinsrechtliche Vorstand nur aus dem Vorsitzenden und dem Generalsekretär, während der parteirechtliche Vorstand an die 50 Personen umfasst.

Können automatische Nachrückregelungen beschlossen werden?

Dies ist umstritten.

Viele Vereine möchten prinzipiell nur durch eine Person (den ersten Vorsitzenden) vertreten werden. Sofern dieser aber ausfällt oder zumindest kurzfristig verhindert ist, soll ein anderes Vorstandsmitglied (der zweite Vorsitzende) an seine Stelle treten. Eine derartige Regelung ist normalerweise nicht im Vereinsregister eintragbar, da sie nicht die notwendige Klarheit besitzt. Denn für einen Außenstehenden ist es nicht nachprüfbar, ob der erste Vorsitzende wirklich verhindert ist; er weiß also nicht, wer den Verein nur gerade vertreten darf.

Behelfen kann man sich dadurch, dass man den gesamten Vorstand in Einzelvertretung eintragen lässt. Damit kann zunächst einmal jedes eingetragene Vorstandsmitglied rechtlich bindend für den Verein handeln. In der Satzung legt man dann – ohne Außenwirkung – fest, dass der zweite Vorsitzende nur bei Verhinderung des ersten handeln darf. Damit erreicht man genau die Lösung, die man will. Allerdings muss man Vertrauen in die weiteren Vorsitzenden haben, dass diese von ihrer Vertretungsmacht nur dann Gebrauch machen, wenn tatsächlich die Verhinderungsfall gegeben ist.

Ob dies bei nicht im Vereinsregister eingetragenen Parteien ebenfalls nur so funktioniert, ist bisher gerichtlich nicht geklärt. Sicherheitshalber sollte man aber davon ausgehen und lieber eine wirksame als eine möglicherweise angreifbare Regelung treffen.

Braucht es einen Notvorstand, wenn sich ein Vorstand weigert, eine bestimmte Handlung vorzunehmen?

Nein, in diesem Fall kann kein Notvorstand bestellt werden. Denn der Vorstand ist ja immer noch im Amt, er handelt nur in anderer Weise als sich das bestimmte Mitglieder vorstellen. Diese Mitglieder müssen dann einen Beschluss der Mitgliederversammlung herbeiführen, um eine entsprechende Weisung zu erteilen.

Was ist der geschäftsführende Vorstand (Präsidium)?

Bei großen Vorständen ist es üblich, dass es einen Vorstand und ein Präsidium gibt. In diesem Fall erledigt der gesamte Vorstand die grundsätzlicheren Aufgaben, während das Präsidium sich um die laufenden Geschäfte kümmert. (§ 11 Abs. 4 Satz 1 PartG)

Die Präsidiumsmitglieder müssen dem Vorstand angehören und werden in der Regel durch die Satzung bestimmt. Die Satzung kann auch vorsehen, dass der Vorstand die Mitglieder des Präsidiums selbst wählt. (§ 11 Abs. 4 Satz 2 PartG)

Ist die Einrichtung eines Präsidiums sinnvoll?

In der Praxis bedeutet die Bildung des Präsidiums eine deutliche Entmachtung des Vorstands und eine Konzentration der Entscheidungsfindung auf eine meist recht kleine Gruppe von Personen. Es sollte eingehend diskutiert werden, ob dies tatsächlich gewünscht ist.

Kapitel 6: Parteitag

Bearbeiter: Thomas Hummel

Im Gegensatz zum ständig aktiven Vorstand, tritt der Parteitag nur selten zusammen. Dafür kann er aber praktisch alle grundlegenden Entschlüsse der Partei fassen. Er sorgt für die demokratische Mitbestimmung der Mitglieder, indem diese selbst (oder von diesen gewählte Delegierte) als „Parteivolk" die Weichen der Politik stellen.

Wie setzt sich der Parteitag zusammen?

Es gibt zwei Möglichkeiten (§ 8 Abs. 1 Satz 2 PartG):

Einen Mitgliederparteitag, bei dem alle Mitglieder stimmberechtigt sind.

Einen Delegiertenparteitag, bei dem nur bestimmte gewählte Mitglieder stimmberechtigt sind.

Welche Vorteile hat ein Mitgliederparteitag?

1. Einbindung aller Mitglieder.
2. Mehr innerparteiliche Demokratie, da jedes Mitglied mitreden kann.
3. Es braucht keinen ausgebauten Unterbau, der die Delegierten wählt.

Welche Vorteile hat ein Delegiertenparteitag?

1. Geringere Einladungskosten.
2. Der Parteitag ist vom Veranstaltungsort unabhängiger. Wird ein Mitgliederparteitag in Kiel veranstaltet, werden mehr Schleswig-Holsteiner als Bayern kommen.

3. Mehr innerparteiliche Demokratie, da die mittlere Führungsebene mehr Einfluss bekommt.

Muss der Parteitag der untersten Organisationsstufe immer eine Mitgliederversammlung sein?

Prinzipiell ja.

Zulässig ist es (unter gewissen Voraussetzungen, § 8 Abs. 1 Satz 3 PartG) zwar auch, die Mitglieder- durch eine Delegiertenversammlung zu ersetzen. In diesem Fall müssten die Mitglieder zusammenkommen und dann gemeinsam die Delegierten wählen – eine Aufteilung auf verschiedene untergeordnete Verbände (wie oben) kann es nicht geben, da wir ja bereits auf der untersten Stufe der Partei sind. Das würde allerdings dazu führen, dass die gesamten Mitwirkungsrechte des einzelnen Mitglieds darin bestehen, die Delegierten seines Ortsverbands zu wählen. Alle anderen Angelegenheiten könnte dann diese Delegiertenversammlung treffen.

Aus diesem Grund hat praktisch keine Partei von dieser Möglichkeit Gebrauch gemacht und man kann auch nicht dazu raten.

Parteitag und Hauptversammlung – wo ist der Unterschied?

Klar gesagt: Es gibt keinen.

Das Parteiengesetz legt zwar fest, dass der Parteitag der untersten Stufe als „Hauptversammlung" zu bezeichnen ist (§ 9 Abs. 1 Satz 2 PartG), das ist aber nur eine andere Bezeichnung. Es ist völlig unklar, warum das Gesetz diesen Unterschied macht und es gibt auch kaum eine Partei, die sich daran hält. Auch wir sprechen hier immer einheitlich vom Parteitag.

Wofür ist der Parteitag zuständig?

Grundsätzlich für alles, was in der Satzung als Parteitagsaufgabe bezeichnet wird. Gesetzlich müssen die folgenden Entscheidungen immer vom Parteitag getroffen werden:

1. Wahl des Vorstands
2. Wahl von Delegierten
3. Wahl des Schiedsgerichts und der Kassenprüfer
4. Verabschiedung und Änderung von Programm, Satzung, Schiedsgerichtsordnung und Beitragsordnung
5. Entgegennahme des Rechenschaftsberichts

Daneben steht es dem Parteitag frei, in allen Angelegenheiten, die Gesetz oder Satzung nicht ausdrücklich einem anderen Organ zugewiesen haben, zu entscheiden.

Können diese Zuständigkeiten auch einem anderen Organ übertragen werden?

Nein, weder durch Beschluss noch durch die Satzung. Die Satzung wäre insoweit ungültig.

Wie sieht der Tätigkeitsbericht des Vorstands aus?

In politischer Hinsicht sollten die wichtigsten Aktionen der Partei kurz aufgeführt werden.

Der finanzielle Rechenschaftsbericht ist gesetzlich sehr detailliert vorgegeben. Nähere Ausführungen dazu würden den Umfang dieses Buchs aber deutlich sprengen.

Wer kann Rechnungsprüfer sein?

Prinzipiell jeder, der nicht dem Vorstand angehört, dessen Rechnungen er prüfen soll. Rechnungsprüfer müssen dem jeweiligen Verband nicht angehören (der Landesverband Sachsen kann einen Hamburger zum Rechnungsprüfer wählen) und sie müssen auch keine

Parteimitglieder sein.

Berufliche Qualifikationen (Buchhalter, Wirtschaftsprüfer, Kaufmann) schaden nicht, sind aber vom Gesetz nicht vorgeschrieben. Soweit ersichtlich, sieht auch keine Parteisatzung derartiges vor.

Kapitel 7: Parteiausschüsse

Bearbeiter: Thomas Hummel

In vielen Parteien bestehen neben dem Vorstand und dem Parteitag weitere Entscheidungsorgane, nämlich die Parteiausschüsse. Auch, wenn einerseits ganz auf sie verzichtet werden könnte, kommt ihnen doch eine erhebliche Bedeutung in der Praxis zu. Schätzungsweise fallen mittlerweile ca. 70 % der wichtigen Entscheidungen bei den großen Volksparteien im Rahmen solcher Gremien.

Wofür sind allgemeine Parteiausschüsse da?

Allgemeine Parteiausschüsse sind „Kleine Parteitage", die als Zwischenorgan zwischen Vorstand und Parteitag fungieren. Sie sind für bedeutendere Entscheidungen da, bei denen man zwar die Partei „mitnehmen" will, die aber nicht ausschließlich dem Parteitag vorbehalten sind.

Sollten allgemeine Parteiausschüsse eingerichtet werden?

Das muss die Partei selbst entscheiden. Grundsätzlich kann das sehr sinnvoll sein, wenn man regelmäßig politische Entscheidungen absichern will, ohne gleich den kompletten Parteitag einzuladen.

Da es keine Pflicht gibt, den Parteiausschuss in bestimmten Abständen einzuberufen, kann die Satzung dieses Organ zwar vorsehen, Sitzungen finden dann aber nur statt, wenn tatsächlich bedeutende Entscheidungen zu treffen sind.

Welche Entscheidungen können allgemeine Parteiausschüsse treffen?

Diejenigen, die die Satzung vorsieht.

In der Praxis sind die Parteiausschüsse vor allem für vorbereitende Entscheidungen zuständig, entwerfen und beraten z. B. Wahlprogramme, Koalitionsverträge und umfangreichere politische Konzepte.

Bei den meisten großen Parteien sind die Zuständigkeiten sehr pauschal festgelegt:

1. alle politischen und organisatorischen Fragen, die nicht dem Bundesparteitag vorbehalten sind, (CDU, SPD)
2. Behandlung grundsätzlicher politischer Themen und Beratung und Beschlussfassung über Aktionsprogramme (CSU)
3. Festlegung der Richtlinien der Politik und Erledigung von Aufgaben, die durch den Bundesparteitag übertragen wurden, (Grüne)

Lediglich die Partei „Die Linke“ sieht sehr dezidierte Aufgabenbeschreibungen vor, nämlich:

1. grundsätzliche politische und organisatorische Fragen auf der Grundlage dieser Satzung, von Beschlüssen des Parteitages oder auf Antrag des Parteivorstandes,
2. den jährlichen Finanzplan auf Vorschlag des Parteivorstandes,
3. Anträge, die an den Bundesausschuss gestellt oder durch den Parteitag an den Bundesausschuss überwiesen wurden,
4. Angelegenheiten, bei denen der Parteivorstand wegen ihrer politischen Bedeutung oder wegen der mit ihnen verbundenen finanziellen Belastungen eine Beschlussfassung des Bundesausschusses für notwendig erachtet,
5. Kampagnen, die bei ihrer Durchführung erhebliche finanzielle Mittel oder personelle Ressourcen der Landesverbände binden,
6. Unterbreitung eines Personalvorschlags zur Aufstellung der Bundesliste für die Wahlen zum Europäischen Parlament

Die FDP besitzt kein derartiges Organ.

Wie sollte die Beschreibung der Aufgaben des Parteiausschusses in der Satzung aussehen?

Wir empfehlen eine Regelung, die es ermöglicht, sehr viele Aufgaben durch den Parteiausschuss oder durch den Parteitag erledigen zu lassen. Hierdurch erlangt die Partei eine größere Flexibilität. Z.B.

> DER BUNDESAUSSCHUSS IST ZUSTÄNDIG FÜR ALLE POLITISCHEN UND ORGANISATORISCHEN ANGELEGENHEITEN, DIE
> 1. NICHT DURCH GESETZ ODER SATZUNG DEM BUNDESPARTEITAG VORBEHALTEN SIND, UND
> 2. DER BUNDESPARTEITAG NICHT SELBST VERBINDLICH ENTSCHIEDEN HAT.

Wie setzen sich allgemeine Parteiausschüsse zusammen?

Das muss die Satzung regeln.

Meistens bestehen sie (auf Bundesebene) aus dem Bundesvorstand und den Delegierten der Landesverbände. Hinzu kommen häufig noch Fraktionsvorsitzende, Delegierte der Jugendorganisation, Ehrenvorsitzende und andere bedeutende Entscheidungsträger.

Der Anteil dieser nicht gewählten („sonstigen“) Mitglieder darf in den Parteiausschüssen bis zu einem Drittel betragen, also deutlich mehr als beim Vorstand oder Parteitag.

Muss ein Parteiausschuss aus Delegierten bestehen?

Ja, das ist denklogisch notwendig.

Würde er aus Mitgliedern bestehen, wäre er ja ein Parteitag. Möchte man dagegen bspw. Eine informelle Mitgliederzusammenkunft zum gemeinschaftlichen Austausch veranstalten, die aber kein Parteitag sein soll, ist dies ohne Satzungsregelung möglich. Es ist selbstverständlich nicht verboten, die Mitglieder zusammenzurufen.

Bei einem Parteiausschuss ist dagegen das Delegiertensystem

unausweichlich.

Warum können die Parteiausschüsse „auch von nachgeordneten Gebietsverbänden gewählt werden“? Von wem denn sonst?

Der Normalfall – der von eigentlich allen Parteien so praktiziert wird – ist das „föderale Modell“: Die Delegierten des Bundes-Parteiausschusses werden durch die Landesverbände gewählt, die Delegierten eines Landes-Parteiausschusses durch die Kreis- (oder, wenn es diese Zwischenstufe gibt) durch die Bezirksverbände, die Delegierten eines eventuellen Kreis-Parteiausschusses durch die Ortsverbände.

Demgegenüber ist auch das „zentralistische Modell“ möglich: Der Bundesparteitag wählt die Mitglieder des Bundes-Parteiausschusses, der Landesparteitag die des Landes-Parteiausschusses usw. Dadurch „verkleinert“ sich der Parteitag also nochmal, indem er aus seiner Mitte den Parteiausschuss bildet.

Welche Vorteile die jeweiligen Modelle haben, muss die Partei selbst anhand ihrer Bedürfnisse feststellen. Dass aber – nach unseren umfangreichen Recherchen – keine Partei vom zentralistischen Modell Gebrauch gemacht hat, dürfte schon für sich sprechen.

Muss die Satzung vorsehen, wie oft ein Parteiausschuss zusammentritt?

Nein. Es sollte lediglich eine Regelung getroffen werden, unter welchen Voraussetzungen er einberufen werden muss.

Ein starrer Turnus ist eher hinderlich. Es ergibt wenig Sinn, einen Parteiausschuss bspw. vierteljährlich einzuberufen, nur, um der Satzung genüge zu tun, obwohl es keine Themen zu besprechen gibt. Sinnvoller ist es, bestimmte Einberufungsquoten festzulegen, z. B.:

DER PARTEIAUSSCHUSS IST EINZUBERUFEN, WENN DIES

DURCH

1. DEN BUNDESVORSTAND,

2. DREI LANDESVERBÄNDEN ODER

3. EIN FÜNFTEL DER PARTEIAUSSCHUSS-DELEGIERTEN

SCHRIFTLICH BEANTRAGT WIRD.

Wer ist der Vorsitzende des Parteiausschusses?

Das muss die Satzung festlegen. Entweder wird der Vorsitzende durch den Parteiausschuss für eine bestimmte Zeit gewählt oder ein bestimmter Amtsträger (z. B. der Parteivorsitzende) leitet automatisch die Versammlung.

Gibt es keine Satzungsregelung, muss der Parteiausschuss zum Beginn jeder Sitzung einen Vorsitzenden wählen.

Kapitel 8: Delegierte

Bearbeiter: Thomas Hummel

Da nicht zu allen Sitzungen auf allen Ebenen sämtliche Mitglieder eingeladen werden können, hat sich in größeren Parteien ein Delegiertensystem etabliert. Delegierte sind die Vertreter der Mitglieder, die auf diese Weise die wichtigen politischen Flügel und die geographischen Regionen der Partei abbilden sollen.

Wie muss die Zusammensetzung einer Delegiertenversammlung satzungsmäßig festgelegt werden?

Die Satzung muss die Zusammensetzung genau festlegen.

Insbesondere sollten die Delegiertenzahlen für die Verbände angegeben sein und jedes einzelne sonstige Mitglied muss explizit genannt sein.

Wie werden die Delegierten auf die Verbände verteilt?

Das Gesetz sieht grundsätzlich eine Verteilung nach Mitgliederzahlen vor. Maximal die Hälfte der Delegierten darf nach den Ergebnissen der letzten Wahlen verteilt werden.

Soweit eine Verteilung nur nach Mitgliederzahlen stattfindet, ist es z. B. möglich, die Gesamtzahl der Delegierten des Bundesparteitags festzulegen (bei der CDU bspw. 1000) und diese dann nach einem Auszählverfahren auf die Landesverbände zu verteilen. Empfehlenswert ist aber eine andere Regelung, die folgendermaßen in die Satzung aufgenommen werden kann:

IN DEN BUNDESPARTEITAG ENTSENDET JEDER LANDESVERBAND FÜR ANGEFANGENE 25 MITGLIEDER EINEN DELEGIERTEN. DIE DELEGIERTEN WERDEN DURCH DEN LANDESPARTEITAG GEWÄHLT; MASSGEBLICH IST DIE

IN DIESEM ZEITPUNKT FESTGESTELLTE ZAHL DER MITGLIEDER.

Diese Verteilung hat folgende Vorteile:

1. Jeder Verband kann beim Parteitag selbst ausrechnen, wie viele Delegierte er wählen muss. Ein kompliziertes Verteilverfahren (Hare/Niemeyer? D'Hondt?) entfällt.
2. Die Delegiertenzahl ist vor allem von den anderen Verbänden unabhängig.
3. Jeder Verband erhält mindestens einen Delegierten.
4. Wächst die Partei, so steigt auch die Zahl der Delegierten, sodass alle wichtigen Gruppen vertreten sein können. (Ggf. muss man den Schlüssel durch Satzungsänderung anpassen, falls es zu viele Delegierte werden sollte. Dann wird z. B. Für angefangene 100 Mitglieder ein Delegierter gewählt o.ä.)

Welche Wahlen kann man für die Delegiertenverteilung nach Wählerstimmen heranziehen?

Sicher diejenigen der Landtags- und Bundestagswahl. Ob Europawahlen auch darunter fallen, ist strittig. Kommunalwahlergebnisse sind grundsätzlich nicht umfasst.

Auf jeden Fall sollten nur die jeweils vorangegangenen Wahlergebnisse herangezogen werden.

In der Praxis sollte man berücksichtigen, dass die Berechnung der Stimmenzahlen recht kompliziert sein kann, wenn bspw. Wahlkreise nicht mit den Kreisverbandsgrenzen übereinstimmen. Zudem werden neue Verbände, die bei der vorherigen Wahl nicht angetreten sind, deutlich benachteiligt.

Kann auch jeder Verband die gleiche Zahl an Delegierten stellen?

Das ist vom Gesetz her nicht direkt verboten. Man muss aber wohl davon ausgehen, dass die Delegiertenzahl nur nach Mitglieder- und Wählerstimmenzahl verteilt werden darf, da nur diese Möglichkeiten im Gesetz stehen. Eine gleichmäßige Verteilung ist nicht vorgesehen.

Von einer solchen Konstruktion ist daher abzuraten, da sie möglicherweise dazu führt, dass Parteitagsbeschlüsse anfechtbar sind.

Wie werden die Delegierten gewählt?

In der Regel durch den Parteitag des unmittelbar untergeordneten Verbands. Es kann aber auch anders geregelt werden, z. B. können die Kreisverbände (unter Umgehung der Landesverbände) die Delegierten zum Bundesparteitag wählen oder Bezirks- und Kreisverbände wählen Delegierte in den Landesparteitag. Diese Entscheidung muss die Satzung treffen.

Wichtig ist allerdings, dass die Delegierten schriftlich und geheim gewählt werden. Ein Verstoß hiergegen könnte dazu führen, dass diese Delegierten als nicht gewählt gelten und ihr Mandat nicht ausüben können.

Wie ist die maximale Amtszeit von zwei Jahren zu verstehen?

Im Gegensatz zur Amtszeit des Vorstands (siehe WIE OFT WIRD DER VORSTAND GEWÄHLT?) dürfen Delegierte nur maximal genau zwei Jahre im Amt bleiben. Wenn Delegierte am 23.3.2011 gewählt wurden, endet ihre Amtszeit am 22.3.2013. Also muss der zuständige Parteitag unbedingt rechtzeitig die Wahl vornehmen.

In der Praxis kann man es z. B. regeln, dass die Amtszeit immer am 1.7. beginnt und am 30.6. des übernächsten Jahres endet. Ob die

Wahl dann im Februar oder im Juni stattfindet, ist egal, sodass man terminlich nicht in Schwierigkeiten gerät.

Kann auch geregelt werden, dass bestimmte Vorstandsmitglieder automatisch Delegierte für höhere Ebenen sind?

Grundsätzlich spricht nichts dagegen, wenn z. B. Die Ortsvorsitzenden automatisch Delegierte des Ortsverband zum Kreisparteitag sind. Da es den Ortsparteitagen aber freigestellt bleiben muss, beide Ämter zu trennen, dürfen diese nicht die einzigen Delegierten sein. Vielmehr muss man diese dann zu den „sonstigen Mitgliedern" des Parteitags rechnen (siehe folgende Fragen).

Wie kann man andere Personen als Delegierte zum Delegiertenparteitag hinzuziehen?

Ja, allerdings maximal bis zu einem Fünftel des Stimmrechts. (§ 9 Abs. 2 PartG)

Dafür kommen in Frage:

1. Vorstandsmitglieder
2. Vorsitzende von Jugend- und Nebenorganisationen
3. sonstige Funktionsträger
4. Mandatsträger

Können Ehrenvorsitzende auf Lebenszeit zu Gremiumsmitgliedern berufen werden?

Eine Ernennung auf Lebenszeit kommt grundsätzlich nicht in Betracht, da dies demokratischen Regeln widerspricht.

Wie rechne ich das Fünftel (Parteitags- und Vorstandsmitglieder) am besten aus?

Die Zahl der gewählten Delegierten (bzw. der gewählten Vorstandsmitglieder, da es hier ja parallel funktioniert) wird durch vier geteilt, diese Zahl ist dann in jedem Fall abzurunden:

24 Delegierte geteilt durch 4 = 6 (Der Parteitag besteht dann aus 30 Delegierten, von denen sechs nicht gewählt wurden, also genau ein Fünftel.)

27 Delegierte geteilt durch 4 = 6,75 = abgerundet 6 (Der Parteitag besteht dann aus 33 Delegierten, von denen sechs nicht gewählt wurden, also knapp ein Fünftel. 7 von 34 wären dagegen schon 20,6 %, also etwas zu viel.)

Wie rechne ich das Drittel (Parteiausschussmitglieder) am besten aus?

Die Zahl der gewählten Delegierten wird durch zwei geteilt, diese Zahl ist dann in jedem Fall abzurunden:

24 Delegierte geteilt durch 2 = 12 (Der Parteitag besteht dann aus 36 Delegierten, von denen zwölf nicht gewählt wurden, also genau ein Drittel.)

27 Delegierte geteilt durch 2 = 13,5 = abgerundet 13 (Der Parteitag besteht dann aus 40 Delegierten, von denen 13 nicht gewählt wurden, also knapp ein Drittel. 14 von 41 wären dagegen schon 34,1 %, also etwas zu viel.)

Ist es schlimm, wenn zu viele sonstige Mitglieder anwesend sind?

Nein, es wird nur auf die satzungsmäßige Mitgliederzahl abgestellt.

Haben einzelne Verbände keine Delegierte gewählt, sind einzelne Vorstandsmitglieder mittlerweile ausgefallen oder sind diese einfach nicht anwesend, dann ist das ohne Belang. Es kann auch sein, dass der Parteitag oder der Parteiausschuss in dem Fall überwiegend oder nur aus dem Vorstand besteht. Er ist trotzdem beschlussfähig.

Was passiert, wenn zu viele sonstige Parteitagsmitglieder vorgesehen sind?

Dann ist in der Regel die gesamte Vorschrift ungültig, der Parteitag besteht also nur noch aus den regulär gewählten Delegierten. Wenn man dies verhindern will, kann man eine Satzungsformulierung wie diese verwenden:

(1) Der Landesparteitag besteht aus
1. den Delegierten der Kreisverbände,
2. dem Landesvorstand,
3. dem Vorsitzenden der Landtagsfraktion,
(...)
7. den Bürgermeistern der kreisfreien Städte und
8. den Landräten.
(2) Machen die Landesparteitagsmitglieder gemäss Abs. 1 Nr. 2 bis 8 mehr als ein Fünftel der gesamten Landesparteitagsmitglieder aus, so sind nur so viele von ihnen stimmberechtigt, bis die Höchstgrenze erreicht ist. Das Stimmrecht nehmen sie in der Reihenfolge wahr, wie sie genannt sind.

Das bedeutet also, dass zunächst die Landesvorstandsmitglieder stimmberechtigt sind. Macht ihre Zahl noch nicht ein Fünftel des gesamten Landesparteitags aus, ist auch noch der Fraktionsvorsitzende stimmberechtigt. Und so wird weiter verfahren, bis auch die Bürgermeister und zum Schluss die Landräte stimmberechtigt sind.

Was sind Mitglieder mit beratender Stimme?

Mitglieder, die zwar geladen werden anwesend sein und das Wort ergreifen dürfen, aber nicht mit abstimmen dürfen. Ob sie Anträge stellen können, hängt von der Satzung ab.

Kapitel 9: Schiedsgerichte

Bearbeiter: Sophie Lengerich

Die Schiedsgerichte sind der juristische Arm einer Partei. Sie greifen dort ein, wo es nicht mehr um politische Erwägungen, sondern um die Feststellung von Recht und Unrecht geht.

Wofür sind die Schiedsgerichte zuständig?

Für alle innerparteilichen Streitigkeiten zwischen Verbänden, Organen und Mitgliedern. (§ 14 Abs. 1 Satz 1 PartG) Praktisch wichtig sind vor allem Ausschlussverfahren. (§ 10 Abs. 5 PartG)

Wie viele Schiedsgerichte braucht eine Partei?

Sowohl bei der Gesamtpartei als auch bei den höchsten Gebietsverbänden müssen Schiedsgerichte eingerichtet werden (§ 14 Abs. 1 Satz 1 PartG), in der Regel also ein Bundesschiedsgericht und darunter die Landesschiedsgerichte.

Ist dies organisatorisch nicht zu bewältigen, sollte man zwei Instanzen des Bundesschiedsgerichts einrichten, sodass hier der Instanzenzug gewahrt wird. Ob die Landesverbände nun eigene Schiedsgerichte haben, ist in der Praxis nicht mehr wirklich relevant.

Die Schiedsgerichtsordnung könnte dies folgendermaßen festlegen:

(1) Es bestehen folgende Schiedsgerichte:
1. Parteischiedsgericht
2. Bundesschiedsgericht
3. Landesschiedsgerichte
(2) Über Parteiausschussverfahren entscheidet in der ersten Instanz das Bundesschiedsgericht, in der Berufungsinstanz das Parteischiedsgericht.

Wie viele Schiedsgerichte braucht ein Gebietsverband?

Eines reicht.

Wie kann für mehrere Kreisverbände ein gemeinsames Schiedsgericht eingerichtet werden?

Durch Satzung oder durch Beschluss der beteiligten Parteitage. (§ 14 Abs. 1 Satz 2 PartG)

Welches Organ wählt die Mitglieder eines gemeinsamen Kreisschiedsgerichts?

Das ist schwierig zu beantworten.

Bei einigen Landesverbänden der CDU gibt es einen Bezirksverband, dessen Parteitag das gemeinsame Schiedsgericht der beteiligten Kreisverbände wählt. Faktisch handelt es sich also um ein Bezirksschiedsgericht.

Besitzen die Kreisverbände kein gemeinsames Organ, gibt es verschiedene Möglichkeiten: Entweder wählt jeder Kreisparteitag nach einem bestimmten Schlüssel eine bestimmte Zahl an Schiedsrichtern. Oder die Kreisparteitage wählen Delegierte, die dann gemeinsam das Schiedsgericht wählen. Beide Verfahren sind aber in der Praxis deutlich zu aufwendig.

Angesichts der erfahrungsgemäß eher geringen Zahl von Verfahren für das Kreisschiedsgericht lohnt sich dieser Aufwand meistens nicht und man sollte eher komplett von der Einrichtung absehen.

Was ist überhaupt die „Kreisstufe", vor allem, wenn sich die Kreisverbände meiner Partei nicht mit den staatlichen Landkreisgrenzen decken?

Zu den Kreisen wird man wohl alles unterhalb des Landesverbands rechnen. Werden also Bezirksverbände eingerichtet, können diese ebenfalls ein gemeinsames Schiedsgericht haben.

Kann auch für mehrere Landesverbände ein gemeinsames Schiedsgericht eingerichtet werden?

Nein.

Wer darf Schiedsrichter sein?

Jeder, mit Ausnahme von Vorstandsmitgliedern und Parteiangestellten. Dabei ist zu beachten, dass bspw. auch Kreisvorsitzende keine Mitglieder des Landesschiedsgerichts sein dürfen. (§ 14 Abs. 2 Satz 2 PartG)

Müssen die Schiedsrichter Juristen sein?

Nein. Die Satzung kann dies allerdings vorsehen. Bei den großen Parteien wird regelmäßig gefordert, dass zumindest der Vorsitzende Jurist ist.

Wie soll eine Schiedsgerichtsordnung aussehen?

Dies wird in einem der folgenden Bände dieses Buches behandelt. Bis dahin raten wir dazu, die Schiedsgerichtsordnungen anderer Parteien zu studieren und sich daraus unter Berücksichtigung der vorher genannten Überlegungen eine für die Partei passende Schiedsgerichtsordnung zusammenzubauen.

Kapitel 10: Sitzungen & Versammlungen

Bearbeiter: Jürgen Carstensen

Die allermeisten formellen Entscheidungen in der Partei fallen auf Sitzungen der zuständigen Organe. Dabei ist es unbedingt notwendig, dass die rechtlichen Voraussetzungen hierfür schon im Vorfeld beachtet werden, um keine ungültigen Entscheidungen zu provozieren. Ebenso muss der Ablauf der Versammlung absolut korrekt vonstatten gehen.

Wie muss zu Sitzungen von Organen und Parteiversammlungen geladen werden?

Jedem teilnahmeberechtigten Mitglied sollte eine Einladung zugestellt werden. In der Regel erfolgt dies per Post, aber auch Fax, E-Mail und ein Abdruck in der Parteizeitung können zulässig sein. Die Modalitäten sollten in der Satzung geregelt werden.

Wer ist zur Ladung berechtigt?

Das muss die Satzung regeln.

Am besten ist eine explizite Satzungsregelung, z. B.: DIE KREISVERSAMMLUNG WIRD DURCH DEN KREISVORSITZENDEN EINBERUFEN.

Auch eine allgemeine Beschreibung wie ORGANE VON VERBÄNDEN WERDEN DURCH DEN JEWEILIGEN VORSITZENDEN GELADEN ist denkbar und zielführend.

Was passiert, wenn kein Ladungsberechtigter zur Verfügung steht?

Für diesen Fall sollte auf allgemeine Vertretungsregeln zurückgegriffen werden, siehe KANN DIE SATZUNG EINE AUTOMATISCHE

NACHRÜCKREGELUNG FESTLEGEN?.

Welchen Inhalt muss die Ladung haben?

Folgende Informationen sind unbedingt notwendig:

1. Name des tagenden Organs, z. B. Kreisparteitag Euskirchen
2. Ort der Sitzung, z. B. Kreisgeschäftsstelle, Mustergasse 24, Euskirchen
3. genauer Zeitpunkt, z. B. Samstag, 26.10.2013, 14:00 Uhr
4. Tagesordnung, z. B.

   1. BEGRÜSSUNG DURCH DEN VORSITZENDEN
   2. GRUSSWORT DES STADTRATS
   3. RECHENSCHAFTSBERICHT
   4. WAHLEN
      a) DES DELEGIERTEN ZUM LANDESPARTEITAG
      b) EINES KASSENPRÜFERS
   5. ABSTIMMUNGEN
      a) POSITIONIERUNG DER PARTEI ZUM NEUBAU DES EUSKIRCHENER RATHAUSES
      b) ÄNDERUNG DER KREISSATZUNG, § 7
      c) DRINGLICHKEITSANTRÄGE
   6. DISKUSSION UND SONSTIGES

5. Angabe des einladenden Organs oder Funktionsträgers, z. B. Hermann Schuster, Kreisvorsitzender. Eine handschriftliche Unterschrift ist nicht notwendig, die bloße maschinenschriftliche Namenswiedergabe reicht.

Müssen alle Abstimmungen aus der Tagesordnung hervorgehen?

Ja, § 32 Abs. 1 Satz 2 BGB. Jedes Mitglied muss wissen, worüber abgestimmt werden soll, um sich entscheiden zu können, ob es überhaupt teilnehmen will, und um sich entsprechend vorbereiten zu können.

Eine Ausnahme stellen lediglich Dringlichkeitsanträge dar.

Wie muss ein Mitglied dann vorgehen, wenn es eine Abstimmung herbeiführen will?

In diesem Fall sollte rechtzeitig ein Antrag gestellt werden. Die Formalitäten dafür legt die Satzung fest, in der Regel sollte der Antrag schriftlich eingereicht werden. Um den Antrag in die Tagesordnung auf der Einladung aufnehmen zu können, sind folgende Möglichkeiten gangbar:

1. Anträge können jederzeit gestellt werden und werden (z. B. durch den Vorstand oder durch die Geschäftsstelle) gesammelt. Alle im Moment der Einladung vorliegenden Anträge werden in die Tagesordnung aufgenommen.
2. Die Veranstaltung wird mit längerer Vorlaufzeit angekündigt und es wird eine Antragsfrist festgelegt. Die offizielle Einladung kann dann schon mit allen Anträgen versandt werden.
3. Mit der offiziellen Einladung wird eine Frist bestimmt, bis zu der die Anträge gestellt werden müssen. Danach werden die gestellten Anträge noch einmal separat versandt.

Was ist ein Dringlichkeitsantrag?

Ein Dringlichkeitsantrag ist ein Antrag, der nicht rechtzeitig gestellt werden konnte, um auf der Tagesordnung verzeichnet zu werden. Das Fristversäumnis darf also nicht auf „Schlampigkeit“ beruhen, sondern darauf, dass sich das Thema erst kurzfristig ergeben hat. Ein Dringlichkeitsantrag ist nur zulässig, wenn die Entscheidung tatsächlich so dringlich ist, dass sie nicht bis zu einer regulären Sitzung warten kann.

Ein Dringlichkeitsantrag darf ausnahmsweise auch ohne Aufnahme in die Tagesordnung abgestimmt werden.

Was ist ein Änderungs- oder Gegenantrag?

Ein Änderungs- oder Gegenantrag bezieht sich auf einen Antrag, der bereits auf der Tagesordnung verzeichnet ist. Wird also bspw. ohnehin über das Einkommensteuerrecht diskutiert, kann ein Antrag gestellt werden, dass die Partei einen höheren Spitzensteuersatz fordert. Dieser Antrag muss nicht vorher gestellt und nicht eigens auf die Tagesordnung aufgenommen werden, da ja ohnehin jedem klar ist, dass es um dieses Thema gehen wird. Lediglich die Aussage des Beschlusses wird ggf. noch geändert

Wer ist berechtigt, Anträge zu stellen?

Antragsberechtigt ist in der Regel, wer stimmberechtigt ist. Ob auch Personen mit beratender Stimme Anträge stellen können, muss die Satzung entscheiden.

Grundsätzlich kann durch die Satzung festgelegt werden, dass nur mehrere Antragsberechtigte zusammen einen Antrag stellen können. Dies wird als Quorum bezeichnet. Bei der Festlegung des Quorums dürfen die demokratischen Mitwirkungsrechte von Minderheiten nicht zu sehr beschnitten werden (§ 15 Abs. 3 Satz 1 PartG). Allgemein gilt, dass ein Quorum von 5 % nicht überschritten werden darf und eher eine geringere Hürde gewählt werden sollte.

Bsp.:

(1) Alle stimmberechtigten Mitglieder sind berechtigt, Anträge zum Kreisparteitag zu stellen. Ein Antrag ist nur zulässig, wenn er von mindestens 2 % der stimmberechtigten Mitglieder unterschrieben ist.
(2) Ein Änderungs- oder Gegenantrag ist nur zulässig, wenn er von mindestens 3 % der stimmberechtigten Anwesenden unterstützt wird. Bevor über einen Änderungs- oder Gegenantrag diskutiert wird, soll der Versammlungsleiter

DURCH FRAGE AN DIE ANWESENDEN FESTSTELLEN, OB DAS QUORUM ERREICHT IST.

Wer ist berechtigt, Kandidaten für Parteiämter vorzuschlagen?

Normalerweise jeder, der antragsberechtigt ist.

Was bedeutet „einfache Mehrheit"?

Mehr Ja- als Nein-Stimmen.

Wenn es mehrere Wahlmöglichkeiten gibt, hat diejenige die einfache Mehrheit für sich, die am meisten Stimmen erhalten hat.

Wie zählen ungültige Stimmen und Enthaltungen?

Gar nicht, soweit die Satzung dies nicht anders regelt.

In welchen Fällen reicht die einfache Mehrheit nicht aus?

Wenn dies durch Gesetz oder durch Satzung so bestimmt ist.

Welche Wahlen müssen geheim sein?

Alle Wahlen von Vorstandsmitgliedern und Delegierten.

Welche Wahlen können offen geschehen?

Alle anderen, soweit die Satzung dies nicht anders vorschreibt.

Man sollte sich hier überlegen, ob bspw. eine geheime Wahl des Schiedsgerichts nicht sinnvoll ist. Über Kassenprüfer wird dagegen in aller Regel offen abgestimmt.

Wie soll die Möglichkeit des Widerspruchs gegen offene Wahlen organisiert werden?

Der Wahlleiter sollte fragen, ob es Widerspruch gibt. Dabei reicht ein einzelner Widerspruch aus, es muss also nicht abgestimmt werden.

Inwiefern kann keine Bindung an Entscheidungen anderer Organe erfolgen?

Jedes Organ muss für sich selbst entscheiden. Entscheidungen dürfen nicht in der Form vorweggenommen werden, dass bspw. der Vorstand die Angelegenheit bereits entschieden hätte und der Parteitag diese nur noch abwinken kann.

In der Praxis wird freilich häufig eine Vorberatung in anderen Gremien erfolgen. Dies ist nicht verboten und klingt im Parteiengesetz auch teilweise so an (z. B.). Wichtig ist aber, dass in eigentlich zuständigen Organ eine Diskussion in der Sache und eine eigene, unter Umständen auch abweichende oder völlig andere Entscheidung stattfinden kann. Auch, wenn bei unstrittigen Themen davon oft kein Gebrauch gemacht wird, muss es zumindest theoretisch möglich sein, dass die satzungsmäßigen Gremien ihre Entscheidung völlig selbständig treffen.

Was ist eine Urabstimmung?

Als Urabstimmung bezeichnet man grundsätzlich eine Abstimmung an der Basis, an der sich also jedes Mitglied der Partei beteiligen darf.

Als Urabstimmung im engeren Sinne gilt eine Befragung der Mitglieder durch Zusendung von Wahlunterlagen per Post. Sie zeichnet sich also gerade – im Gegensatz zu einem Parteitag – dadurch aus, dass es keine gemeinschaftliche Diskussion gibt und danach abgestimmt wird. Vielmehr gibt jedes Mitglied seine Stimme für sich allein ab.

Wann sind Urabstimmungen notwendig?

Laut Gesetz bei der Auflösung der Parteien sowie bei der Fusion mit anderen Parteien (siehe WIE LÖSE ICH MEINE PARTEI WIEDER AUF ? und WIE KANN MEINE PARTEI MIT ANDEREN PARTEIEN FUSIONIEREN?)

Wann sind Urabstimmungen zulässig?

Diese Frage ist noch immer nicht ganz geklärt. Grundsätzlich dürfen Entscheidungen, die dem Parteitag vorbehalten sind, nicht per Urabstimmung getroffen werden. Hier soll gerade eine Diskussion stattfinden, anhand derer die Mitglieder dann entscheiden, wie sie abstimmen wollen.

Über andere Angelegenheiten kann eine Urabstimmung wohl stattfinden. Hierzu gehören in der Praxis auch Entscheidungen, die keine Entscheidungen im juristischen Sinne sind, z. B.:

1. Koalitionsverhandlungen (weder das Parteienrecht, noch die Geschäftsordnungen der Parlamente noch das Grundgesetz sehen Koalitionen vor, es gibt sie nur als „politischen Brauch“)
2. ebenso Koalitionsverträge
3. Wahl des Spitzenkandidaten zur Bundestagswahl (es gibt nicht den einen bundesweiten Spitzenkandidaten, es gibt vielmehr 16 Spitzenplätze auf den 16 Landeslisten; wird ein Spitzenkandidat gewählt, dient dies lediglich zur Verstärkung der Personalisierung)
4. ebenso Wahl des Kanzlerkandidaten
5. Abstimmung über die grundsätzliche Positionierung der Partei im Hinblick auf bestimmte politische Konzepte, soweit dadurch das Programm insgesamt nicht vorweggenommen wird

Welche Bindungswirkung hat eine Urabstimmung?

Das kommt grundsätzlich auf die Satzung an. Eine

Urabstimmung kann beratenden oder (soweit möglich, siehe oben) entscheidenden Charakter haben.

Können Kandidaten für öffentliche Wahlen (Bürgermeister, Bundestagskandidat etc.) per Urabstimmung bestimmt werden?

Nein.

Praktisch alle Wahlgesetze aller Länder und des Bundes sehen für alle politischen Ebenen die Kandidatenwahl durch Mitglieder- oder Delegiertenversammlungen vor. Die Personen, die abstimmen wollen, müssen also tatsächlich zusammenkommen und bei der Versammlung ihre Stimmen abgeben. Eine Urabstimmung (bzw. Urwahl) ist nirgends vorgesehen. Ein Wahlvorschlag, der so zustande kommt, wäre fast immer ungültig.

Eine Ausnahme stellen lediglich „unechte Wahlentscheidungen" wie die Bestimmung des Kanzlerkandidaten (siehe oben) dar.

Darf ein Parteitag, bevor er die Entscheidung trifft, eine Urabstimmung in der Sache durchführen lassen?

Das ist zumindest problematisch.

Grundsätzlich sollte nichts dagegen sprechen, dass der Parteitag zunächst einmal „vorfühlt", wie die Basis über ein Thema denkt. Da er in dieser Konstellation die Entscheidung ja im Endeffekt doch selbst trifft, wäre dies zumindest kein direkter Verstoß gegen Satzung oder Gesetz.

Allerdings stellt sich die Frage, inwiefern die (an sich nicht vorgesehene) Urabstimmung eine Vorwegnahme der späteren (zwingenden) Parteitagsentscheidung darstellt. Und tatsächlich wird häufig angenommen, dass der Parteitag praktisch keine Möglichkeit hat, von der Entscheidung der Urabstimmung abzurücken. Die Delegierten werden der Basis nicht in den Rücken fallen wollen und deren

Abstimmung daher in aller Regel bestätigen. Das bedeutet dann aber, dass die Entscheidung nicht wirklich vom zuständigen Gremium getroffen wurde. Die Abstimmung des Parteitags wäre dann möglicherweise anfechtbar.

Soweit sich eine solche „Probe-Urabstimmung“ auf öffentliche Wahlen bezieht, könnte sogar die Zulassung des Wahlvorschlags in Zweifel gezogen werden. Trotzdem haben bspw. die Grünen in München ihren Oberbürgermeister-Kandidaten in Vorstellungs- und Diskussionsrunden, sog. „OB-Foren“, und einer anschließenden Abstimmung gekürt.

Insbesondere eine nicht-etablierte Partei sollte allerdings aufpassen, dass sie hier keine Angriffsfläche bietet.

Kapitel 11: Finanzen

Bearbeiter: Carsten Lengerich

Ohne Geld läuft auch in der Welt der Politik nicht. Die tägliche Parteiverwaltung, das Herausgeben von Flugblätter, das Einladen von Mitgliedern, ganz zu schweigen vom Wahlkampf, ist teuer. Gleichzeitig handelt es sich um einen sehr sensiblen Bereich, der von der Öffentlichkeit und den Medien bisweilen kritisch beäugt wird.

Gerade hier muss daher peinlich genau allen gesetzlichen Vorgaben entsprochen werden. Neben finanziellen Sanktionen droht ansonsten nämlich auch ein massiver Verlust an Glaubwürdigkeit und damit Wählbarkeit.

Wie finanziert sich eine Partei?

Hauptsächlich durch Mitgliedsbeiträge und Spenden.

Das Parteiengesetz sieht zudem noch „Einnahmen aus Unternehmenstätigkeit und Beteiligungen“ und „Einnahmen aus Veranstaltungen, Vertrieb von Druckschriften und Veröffentlichungen und sonstiger mit Einnahmen verbundener Tätigkeit“ sowie „sonstige Einnahmen“ vor. (§ 24 Abs. 4 PartG)

Sind Privateinlagen und Privatentnahmen zulässig?

Auf keinen Fall.

Als Selbständiger ist man es unter Umständen gewohnt, dass man „privates“ Geld in die Firmenkasse legt oder sich aus dieser bedient. Das funktioniert aber nur, wenn das eigene Geschäft keine gesonderte Rechtsform besitzt, denn dann ist im Grunde alles zusammen das Privatvermögen.

Bei der Kasse einer Partei ist dagegen eine absolute Trennung zu wahren, da man sich sonst möglicherweise strafbar macht. Das

Parteivermögen hat mit dem Vermögen des Vorsitzenden oder des Schatzmeisters nicht das geringste zu tun.

Wie kann man dann dafür sorgen, dass die Partei z. B. ein Startvermögen besitzt, um erste Ausgaben bestreiten zu können?

Hier kommen eigentlich nur zwei Finanzierungsinstrumente in Frage: Spenden oder Darlehen.

Bei einer Spende wird der Betrag der Partei geschenkt, eine Rückzahlung ist also nicht vorgesehen.

Bei einem Darlehen muss dieses irgendwann zurückgezahlt werden. Die genauen Konditionen müssen vertraglich vereinbart werden.

Wie finanzieren sich die Gebietsverbände?

Das muss die Finanzordnung festlegen. In der Regel dürfen Gebietsverbände die an sie gerichteten Spenden und sonstigen Einnahmen behalten. Es empfiehlt sich, zudem einen Schlüssel für die Verteilung der Mitgliedsbeiträge festzulegen.

In welchem Umfang darf die Partei Spenden annehmen?

Grundsätzlich gibt es keine Beschränkungen und jede Firma und jede Person kann beliebig viel an eine Partei spenden. Allerdings sind einige formelle Rahmenbedingungen zu beachten. Die wichtigsten:

1. Die Spenden dürfen nicht mit einer Gegenleistung (z. B. mit einer politischen Gefälligkeit) in Verbindung gebracht werden.
2. Fraktionen, Parlamentsgruppen und Mandatsträger dürfen ihre für das Amt zu verwendenden Geldmittel nicht an die Partei spenden. Bekommt ein Gemeinderat bspw. eine Kostenpauschale, mit der er Büroartikel für seine Tätigkeit kaufen

kann, darf er diese nicht an die Partei weiterleiten. Selbstverständlich darf der Mandatsträger aber Gelder aus seinem Vermögen an die Partei spenden. Erhält der Mandatsträger also eine Abgeordnetendiät oder eine Entschädigung für sein Amt, die für ihn persönlich bestimmt ist, darf er einen Teil davon der Partei spenden („Mandatsträgerbeitrag“).

3. Gemeinnützige Vereine dürfen nicht an eine Partei spenden.
4. Name und Anschrift des Spenders sollte immer festgehalten werden.
5. Anonyme Spenden über 500 Euro sind unzulässig.
6. Barspenden über 1000 Euro sind unzulässig.

Die komplette Regelung findet sich in § 25 PartG.

Müssen Spenden gemeldet werden?

Nur, wenn sie 50.000 Euro übersteigen. In dem Fall sollten die Spenden sofort dem Bundestagspräsidenten gemeldet werden. (§ 25 Abs. 3 Satz 2 PartG)

Wie soll eine Finanzordnung aussehen?

Dies wird in einem der folgenden Bände dieses Buches behandelt. Bis dahin raten wir dazu, die Finanzordnungen anderer Parteien zu studieren und sich daraus unter Berücksichtigung der vorher genannten Überlegungen eine für die Partei passende Finanzordnung zusammenzubauen.

Wann bekommt eine Partei staatliche Unterstützung?

Wenn sie eines der folgenden Wahlergebnisse erreicht hat:

0,5 % bundesweit bei der Bundestagswahl

0,5 % bundesweit bei der Europawahl

1,0 % landesweit bei einer Landtagswahl

Dabei zählt immer nur das Ergebnis der jeweils letzten Wahl. Es reicht allerdings, eines dieser Ergebnisse zu erreichen, um bundesweit Parteienfinanzierung zu bekommen. (§ 18 Abs. 4 PartG)

Muss Parteienfinanzierung beantragt werden?

Ja, unbedingt.

Dies geschieht durch schriftlichen Antrag an den Bundestagspräsidenten. Der Antrag ist spätestens am 30. September des Jahres einzureichen, in dem erstmals Anspruch auf die Finanzierung besteht. Erreicht also eine Partei, die bisher keine staatliche Parteienfinanzierung bekommen hat, bei einer Landtagswahl im Juni 2014 ein Ergebnis von mehr als 1 %, so muss sie bis 30. September 2014 einen entsprechenden Antrag beim Bundestagspräsidenten stellen. (§ 19 Abs. 1 Satz 1 PartG)

Für Folgejahre ist ein neuer Antrag nicht notwendig, die Zahlungen laufen automatisch weiter. (§ 19 Abs. 1 Satz 5 PartG)

Wer muss den Antrag stellen?

Nur die Gesamtpartei, also nicht etwa jeder einzelne Landesverband. Dies gilt auch, wenn der Anspruch nur wegen eines Landtagswahlergebnisses besteht. (§ 19 Abs. 1 Satz 4 PartG)

Der Antrag muss von einem für die Finanzen zuständigen Vorstandsmitglied unterzeichnet sein, also je nach Satzung in der Regel der Schatzmeister. (§ 19 Abs. 1 Satz 1 PartG)

Was ist, wenn die Wahl, aufgrund derer meine Partei Anspruch auf Finanzierung haben könnte, erst nach dem 30. September stattfindet?

Auch in diesem Fall ist der Antrag bis spätestens 30. September zu stellen. Daher sollte der Antrag bereits vor der Wahl gestellt werden, auch, wenn man das Ergebnis logischerweise noch nicht kennt.

Landet man dann doch unter der notwendigen Stimmzahl und hat keinen Anspruch auf Finanzierung, wird der Antrag eben abgelehnt.

Wie muss der Rechenschaftsbericht aussehen?

Die Erstellung des Rechenschaftsberichts verlangt ein hohes Maß an Kenntnissen und sollte möglichst einem Fachmann überlassen werden, der sich mit den spezifischen Anforderungen des Parteiengesetzes beschäftigt hat. Näheres dazu wird in einem der folgenden Bände dieses Buches behandelt.

Einen ersten Ansatz liefern die §§ 23 bis 31 des Parteiengesetzes. Darüber hinaus wird aber noch auf allgemeine buchhalterische Grundsätze verwiesen.

Welche Aufgaben haben die Rechnungsprüfer der Partei?

Die Rechnungsprüfer (auch Kassenprüfer oder Revisoren genannt) müssen den Rechenschaftsbericht ihres Gebietsverbands auf Korrektheit prüfen. Dazu gehört, ohne Anspruch auf Vollständigkeit:

1. Verzeichnung aller Einnahmen, Ausgaben und Vermögensgegenstände
2. Stimmigkeit des Anschlusses (Anfangsvermögen + Einnahmen – Ausgaben = Endvermögen)
3. Vorliegen aller Rechnungen und Belege
4. Vorliegen aller Kontoauszüge (falls Konto vorhanden)
5. Vorliegen eines korrekten Kassenbuchs (falls Barkasse vorhanden)
6. Gegenprüfung von Zuschüssen (was ein Verband als Zuschuss an einen anderen zahlt, muss bei diesem als Einnahme

verzeichnet sein)

Wer muss den Rechenschaftsbericht prüfen?

Das kommt darauf an (§ 23 Abs. 2 PartG):

1. Bei Parteien, die weniger als 5000 Euro Einnahmen, Ausgaben und Vermögen haben: Nur die Rechnungsprüfer der Partei.
2. Bei anderen Parteien, die aber keine Parteienfinanzierung erhalten: Ein Buchhalter.
3. Bei Parteien, die Parteienfinanzierung erhalten: Ein Wirtschaftsprüfer.

Sollte auch dann ein Rechenschaftsbericht abgegeben werden, wenn die Partei keinen Anspruch auf Parteienfinanzierung hat?

Die gesetzliche Pflicht zur Rechnungslegung besteht für alle Parteien. (Art. 21 Abs. 1 Satz 2 GG) Parteien, die dem nicht (rechtzeitig) nachkommen, erhalten keine Parteienfinanzierung. (§ 19a Abs. 3 Satz 3 PartG)

Für Parteien, die ohnehin keine Parteienfinanzierung bekommen, weil sie bisher kein ausreichendes Wahlergebnis erreicht haben, gibt es aber keinerlei Sanktion.

Da jedoch Fehler in den Rechenschaftsberichten immer zu Strafzahlungen führen, also auch bei Parteien, die keine staatlichen Gelder erhalten, (§ 31 b PartG) sollte tatsächlich gründlich beraten werden, ob dieses Risiko eingegangen werden sollte.

Schlusswort

Liebe Leserinnen und Leser,

wir hoffen sehr, dass Sie viele neue Einsichten in die Materie des Parteienrechts gewonnen haben. Gleichzeitig handelt es sich bei diesem Buch lediglich um eine Einführung in die Thematik, die einen Überblick über viele praktische Probleme vermitteln sollte. Spezielle Bereiche konnten daher noch nicht in der im Einzelfall notwendigen Tiefe verarbeitet werden.

In der nächsten Zeit werden wir einige Folgebände zu diesem Buch herausgeben, die sich voraussichtlich um diese Themen drehen werden:

Kommentierte Mustersatzung

Schiedsgerichtsordnung und -verfahren

Finanzverwaltung und Rechenschaftsbericht

Wahlvorbereitung, Wahlzulassung, Wahlkampf

Formularhandbuch

Wir würden uns freuen, Sie dann wieder in der Riege unserer Leser begrüßen zu dürfen.